발 행 일	2025년 7월 1일(1판 1쇄)
개 정 일	2025년 8월 1일(1판 2쇄)
I S B N	979-11-92695-64-8(13000)
정 가	15,000원
집 필	이지은
감 수	방컴(쌤과아이들)
본문디자인	디자인앨리스
발 행 처	㈜아카데미소프트
발 행 인	유성천
주 소	경기도 파주시 정문로 588번길 24
홈 페 이 지	www.aso.co.kr

이 책은 저작권법에 따라 보호를 받는 저작물이므로 무단 전재와 무단 복제를 금지하며, 이 책 내용의 전부 또는 일부를 이용하려면 반드시 ㈜아카데미소프트의 서면동의를 받아야 합니다.

  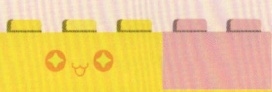 

[헬로메이플 탐험대①]
이렇게 만들었어요.

재미있는 이야기로 배우는 코딩 첫걸음 헬로메이플 시리즈의 [코딩 1단계] 교재는 이렇게 만들었어요!

[헬로메이플 왕국의 이야기]

① 수업이 시작되면 동화 속 마을을 탐험하듯 흥미로운 이야기로 시작해요. 아바타와 함께 미션을 해결하면서 자연스럽게 코딩 개념을 익힐 수 있어요.

② 요정 마을, 장난감 공장, 빙하 마을 등 다양한 테마의 이야기 속에서 아바타와 함께 문제를 해결하며 학습해요. 몰입감 있는 동화 같은 전개로 수업이 지루하지 않아요.

[메이플 컴퓨팅 사고력]

추상화, 알고리즘, 패턴 인식, 분해와 같은 컴퓨팅 사고력 요소를 자연스럽게 녹여냈어요. 각 챕터별 활동이 이 사고력을 하나씩 키워주는 구조로 구성되어 있어요.

[헬로메이플에서 미션 성공하기!]

각 차시가 끝나면 앞에서 배운 내용으로 스스로 작품을 만들어 보고 문제해결 능력을 증진해요. 단순한 블록 코딩 실습을 넘어, 상황을 분석하고 적절한 해결 방법을 찾는 과정을 통해 창의력과 논리력을 함께 기를 수 있어요.

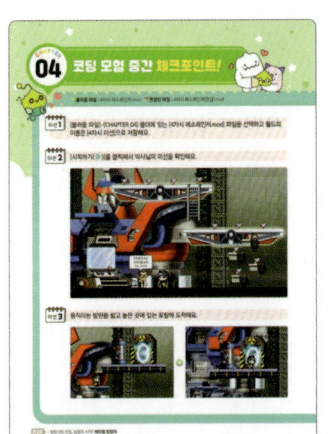

[4차시마다 중간 평가_코딩 모험 중간 체크포인트!]

❶ 일반적인 교재에는 8차시 또는 12차시마다 함축된 종합평가를 4차시마다 제공하여 이전 3차시에서 배운 내용을 스스로 해결함은 물론 내 맘대로 조건을 변경하여 사고력과 독창성을 발휘하도록 하였습니다. 또한 각 문제마다 해결할 수 있는 방법을 힌트 형태로 제공하여 쉽게 접근 할 수 있도록 하였습니다.

❷ 실습형 문제뿐만 아니라 객관식 평가 문제도 함께 포함하여 학습 내용을 다양하게 점검할 수 있도록 하였습니다. 또한 각 문제에는 해결의 실마리가 될 수 있는 힌트를 제공하여, 아이들이 보다 쉽게 접근하고 사고력과 독창성을 발휘할 수 있는 기회를 제공하고 있습니다.

목차 CONTENTS

006 CHAPTER 01
헬로메이플 탐험대를 만나러 가자!

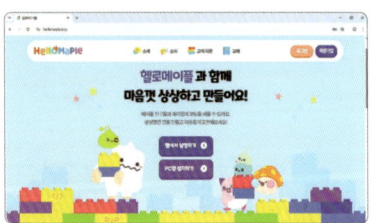

012 CHAPTER 02
탐험 학교 입학 준비하기!

018 CHAPTER 03
입학식으로 가는 비밀 포탈을 열어보자!

026 CHAPTER 04
코딩 모험 중간 체크포인트!

028 CHAPTER 05
이상한 마을의 비밀! 할로윈 마을을 조사하라!

034 CHAPTER 06
할로윈 이벤트! 길 잃은 할로윈 요정을 구해주자!

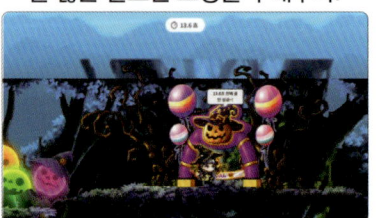

042 CHAPTER 07
사라진 열쇠! 유령을 물리쳐라!

048 CHAPTER 08
코딩 모험 중간 체크포인트!

050 CHAPTER 09
신나는 놀이기구를 타고 도장을 모아보자!

056 CHAPTER 10
닥터 토이의 연구를 도와주자!

062 CHAPTER 11
잃어버린 인형을 찾아 공장에 전달하자!

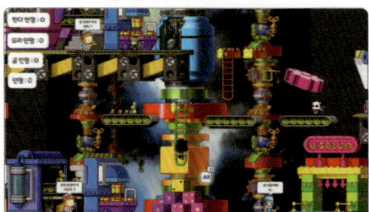

068 CHAPTER 12
코딩 모험 중간 체크포인트!

070 CHAPTER 13
돌의 정령에게 가는 길
나비를 조심하자!

076 CHAPTER 14
요정 마을 속 슬라임을 조사하자!

082 CHAPTER 15
빨간 용의 습격!
요정 남매를 도와주자!

088 CHAPTER 16
코딩 모험 중간 체크포인트!

090 CHAPTER 17
길에 떨어진 과일,
누가 흘리고 갔을까?

096 CHAPTER 18
저주받은 돌의 정령을 구하자!

102 CHAPTER 19
궁수 훈련장의 열쇠를 찾아주자!

108 CHAPTER 20
코딩 모험 중간 체크포인트!

110 CHAPTER 21
신전 안쪽엔 무엇이 있을까?

116 CHAPTER 22
사막 마을의 긴급 택배를 배달하자!

122 CHAPTER 23
크리스마스 트리를 꾸미자!

128 CHAPTER 24
코딩 모험 중간 체크포인트!

CHAPTER 01 — 헬로메이플 탐험대를 만나러 가자!

▼ 불러올 파일 : 없음　　🚩 완성된 파일 : 없음

학습목표
◆ 헬로메이플 탐험대에 입장하기 위해 로그인해보자.
◆ 헬로메이플의 화면 구성을 살펴보자.

헬로메이플 왕국 이야기

옛날 옛날, 상상과 모험이 가득한 '헬로메이플 왕국'이 있었어요. 이곳은 다양한 마을과 숲, 바다, 사막, 하늘섬까지 펼쳐진 커다란 세계였죠.

하지만 요즘, 왕국 곳곳에 잃어버린 보물과 숨겨진 비밀이 생기기 시작했어요. 그래서 왕국에서는 용감하고 똑똑한 어린이들을 모아 '헬로메이플 탐험대'를 만들기로 했어요.

이제 여러분이 바로 탐험대원이 되어 헬로메이플 왕국의 신비한 미션을 해결하러 떠날 차례예요.

그럼 먼저, 탐험대에 입장하기 위해 헬로메이플에 로그인하고 어떤 화면이 펼쳐지는지 함께 살펴보아요.

메이플 컴퓨팅 사고력

잠자리 준비하기 순서를 확인하고 빈칸에 맞게 스티커를 붙여보세요.

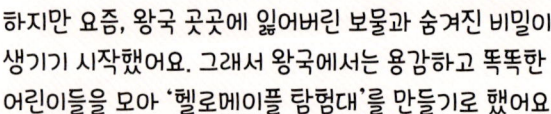

　세수와 양치질을 해요.

　　　내일 학교에 가져갈 준비물을 확인해요.

　잠옷으로 갈아입어요.

　　　부모님께 인사를 해요.

　꿈나라로 가요.

탐험대에 입장하기 위해 로그인하자!

1 헬로메이플(hellomaple.org)에서 [웹에서 실행하기] 단추를 클릭해요.

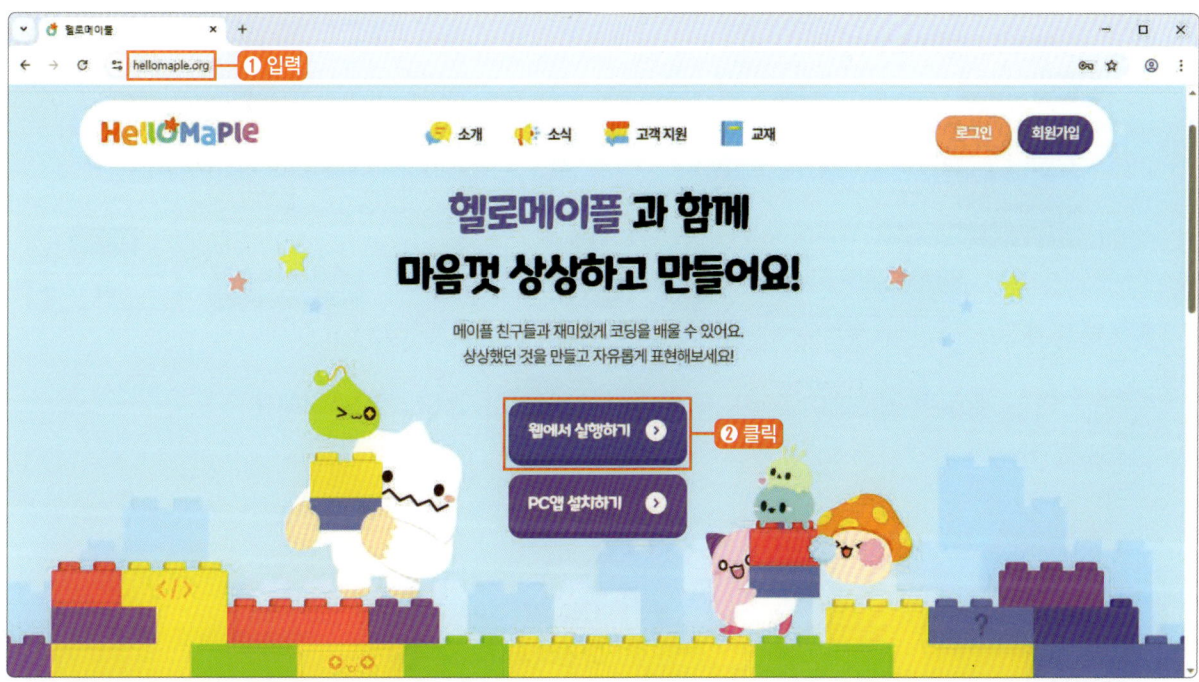

2 학급 아이디와 비밀번호를 입력하고 [로그인] 단추를 클릭해요.

※ 학급 아이디와 비밀번호는 선생님께서 관리해요.

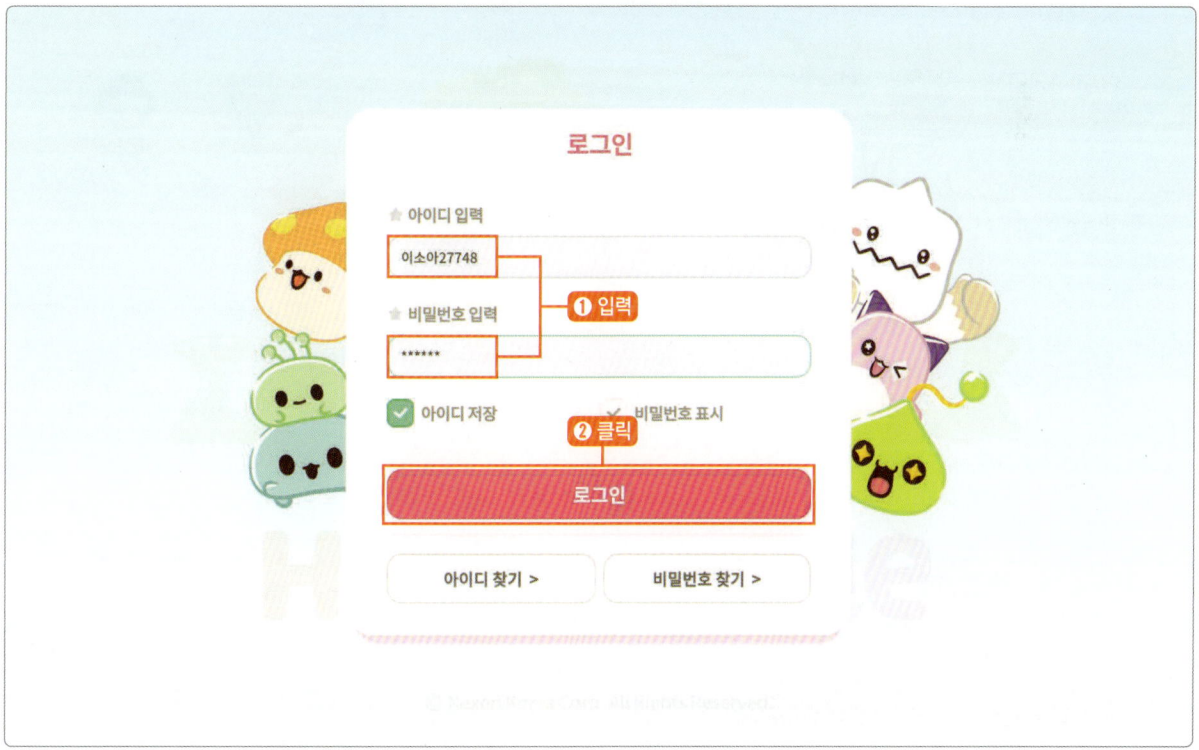

3 회원가입 화면에서 이용 약관 동의에 체크하고 [다음]을 클릭하고 새로운 비밀번호로 변경해요.

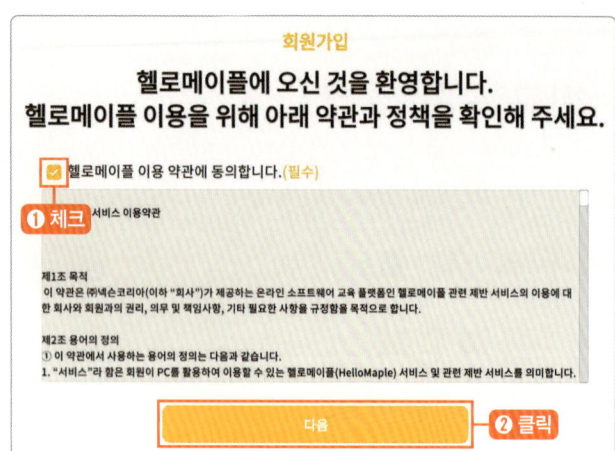 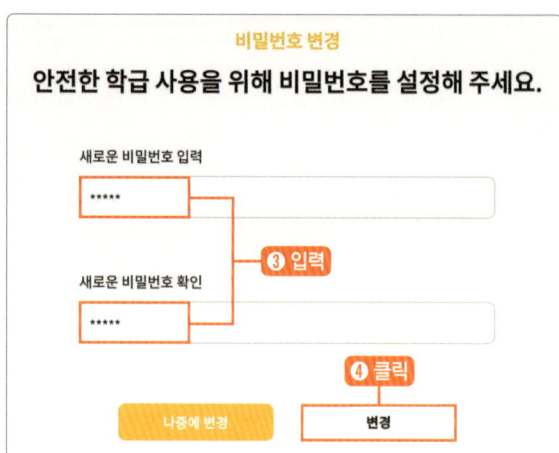

4 마지막 단계에요! 헬로메이플 코드를 확인하고 [탐험하기] 단추를 클릭해요.

※ 헬로메이플 코드로 친구들을 찾을 수 있어요.

탐험 시작 준비!	아이디와 비밀번호를 잊어버리지 않도록 적어보아요.
아이디	
비밀번호	

02 헬로메이플 탐험을 위한 화면을 자세히 알아보자!

1 헬로메이플에 로그인하면 보이는 화면이에요. 메뉴를 하나씩 살펴볼까요?

① **내 아바타** : 이 아바타는 내가 꾸미고, 움직이고, 탐험할 캐릭터에요!

② **학급** : 우리 반 친구들과 함께 모험하거나 선생님께 미션을 받을 수 있어요.

③ **배우기** : 튜토리얼을 통해 헬로메이플 사용방법을 익힐 수 있어요.

④ **플레이** : 다른 사람들이 만든 다양한 월드로 들어가서 탐험을 시작할 수 있어요.

⑤ **아바타** : 내 아바타를 꾸미고, 옷이나 장비를 바꿀 수 있어요.

⑥ **만들기** : 직접 나만의 월드를 만들고, 꾸미는 활동을 할 수 있어요.

⑦ **자료실** : 필요한 자료(아이템, 꾸미기 재료 등)를 찾아볼 수 있어요.

⑧ **배경** : 헬로메이플에 로그인하면 보이는 화면의 배경을 변경할 수 있어요.

⑨ **더보기** : 비밀번호와 같은 회원 정보를 수정할 수 있어요.

2 ▶ [만들기] 메뉴를 클릭한 다음 [새로 만들기]를 클릭해요. 이어서, [블록코딩] 템플릿을 선택하고 [새로 만들기]를 클릭해요.

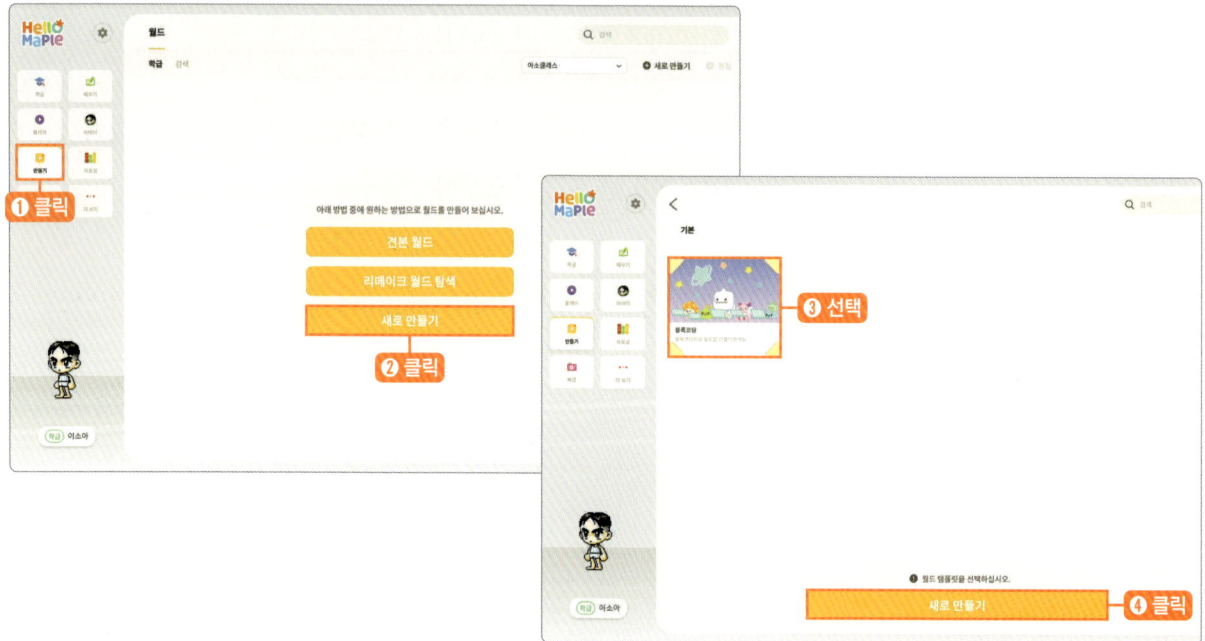

3 ▶ 이곳은 편집화면이에요. 배경을 변경하거나 아바타 및 오브젝트를 추가하고 명령어 블록을 사용하여 나만의 게임 월드를 만들 수 있어요.

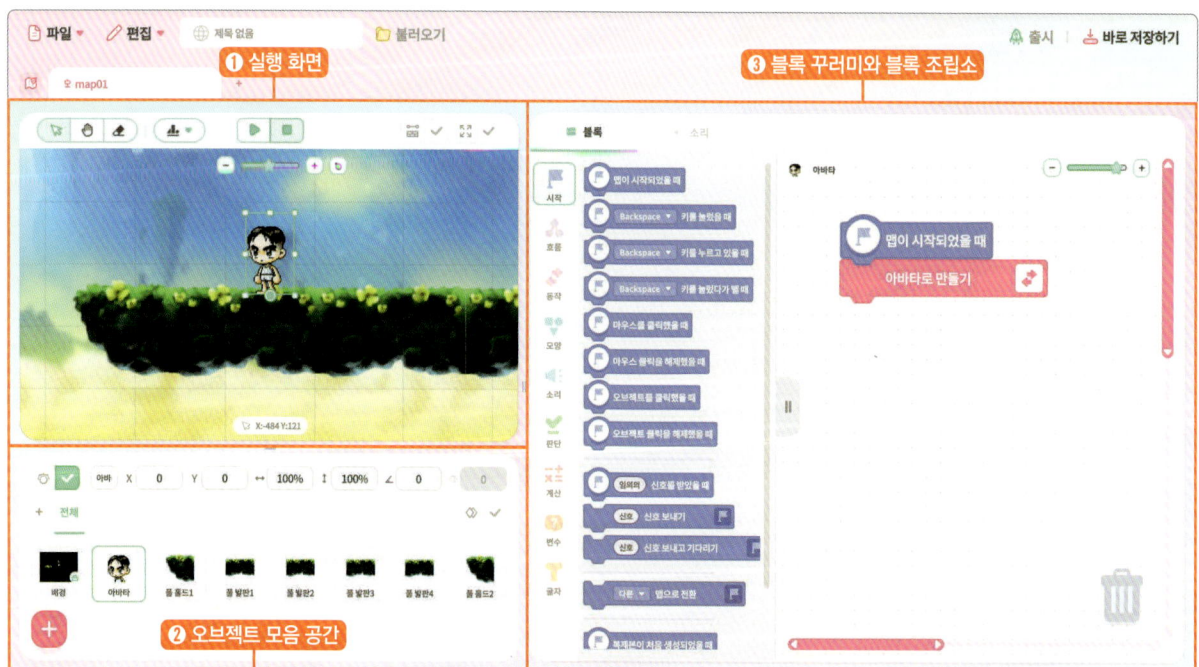

① **실행 화면** : 배경과 아바타 및 오브젝트 등의 배치를 확인할 수 있는 실행 화면 공간이에요.

② **오브젝트 모음 공간** : 월드에 다양한 배경과 아바타, 오브젝트를 추가하고 위치와 크기 등을 편집할 수 있어요.

③ **블록 꾸러미와 블록 조립소** : 블록 꾸러미에 있는 명령어 블록을 조립해서 오브젝트에 다양한 변화를 줄 수 있어요.

CHAPTER 01 헬로메이플에서 미션 성공하기!

▶ 불러올 파일 : 없음   ▶ 완성된 파일 : 없음

💡 헬로메이플 퀴즈에 도전해보자!

미션 1 다음 중 직접 나만의 월드를 만들고, 꾸미는 활동을 할 수 있는 메뉴는 무엇일까요?

①  ②  ③  ④

미션 2 헬로메이플의 편집화면 중 배경, 아바타, 오브젝트를 추가하고 편집할 수 있는 곳은 어디일까요?

① 실행 화면   ② 오브젝트 모음 공간   ③ 블록 꾸러미와 블록 조립소

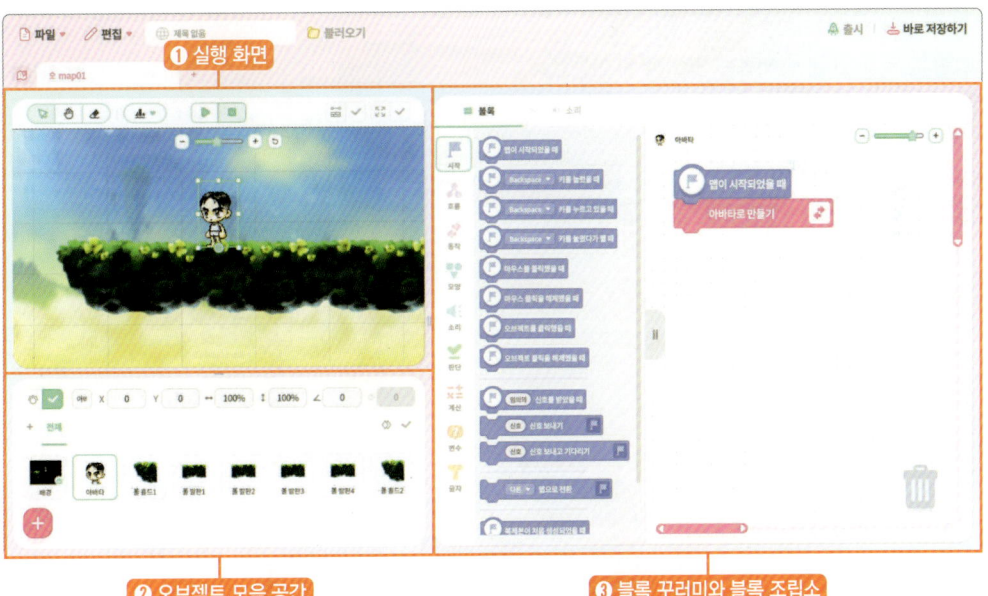

CHAPTER 01 헬로메이플 탐험대를 만나러 가자! • **011**

CHAPTER 02 탐험 학교 입학 준비하기!

▶불러올 파일 : 없음   ▶완성된 파일 : 없음

학습목표
- 탐험복을 입은 아바타의 모습으로 바꾸는 방법을 배워보자.
- 아바타 상점에서 의상을 구매하고 의상을 교체해 보자.

헬로메이플 왕국 이야기

헬로메이플 왕국의 탐험대원이 되기로 한 여러분!
진짜 모험을 떠나기 전에 꼭 준비해야 할 게 있어요.

바로바로, 탐험대의 복장이에요!
탐험 학교에 들어가려면 평범한 옷이 아닌,
신비한 모험을 위한 탐험복을 입어야 하거든요.

아바타 상점에 가보세요.
여기에서는 여러분의 탐험복을 고를 수 있고,
얼굴 표정이나 헤어스타일도 바꿀 수 있답니다!

헬로메이플 대표 탐험복 의상

메이플 컴퓨팅 사고력

양치질 순서를 확인하고 빈칸에 맞게 스티커를 붙여보세요.

칫솔에 치약을 짜요.

위 아래로 이를 닦아요.

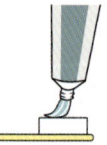
양옆으로 이를 닦아요.

치아 안쪽 면을 닦아요.

어금니 윗면을 닦아요.

혀를 닦고 입을 헹궈요.

012 • 탐험대원 모집, 탐험의 시작! 메이플 탐험대

01 탐험 학교의 규칙 : 탐험복 착용은 필수!

1 헬로메이플(hellomaple.org)에서 [웹에서 실행하기] 단추를 클릭하고 로그인해요.

2 옷을 갈아입기 위해 [아바타] 메뉴를 클릭 후 [상점]을 클릭하여 확인해요.

※ 이곳에서는 전체적인 아바타의 모습을 꾸밀 수 있어요.

3 탐험 학교에 입학하기 위해 옷을 갈아입어야 해요! 검색 창에 '탐험가'를 입력한 다음 Enter 키를 눌러 검색 후, [한벌옷]을 클릭하고 탐험가의 옷을 선택해요.

CHAPTER 02 탐험 학교 입학 준비하기! • 013

4 [신발]을 클릭하고 탐험가의 신발을 선택해요.

5 [모자]를 클릭하고 탐험가의 모자를 선택해요. 이어서, 검색 창에서 [닫기(×)]를 클릭해요.

6 [얼굴]을 클릭하고 원하는 표정을 선택해요. 이어서, [헤어]를 클릭하고 원하는 헤어를 선택해요.

※ 교재에서는 '천진한 눈 얼굴'과 '검은색 메모리아'로 선택했어요.

헬로메이플 TiP!

상품의 (ⓘ)을 클릭하면 상세 정보에서 이름을 확인할 수 있어요.

7 마지막으로 [한손무기]를 클릭하고 '백의의 서'를 선택하면 입학 준비가 끝났어요~ [구매 6] 단추를 눌러주세요.

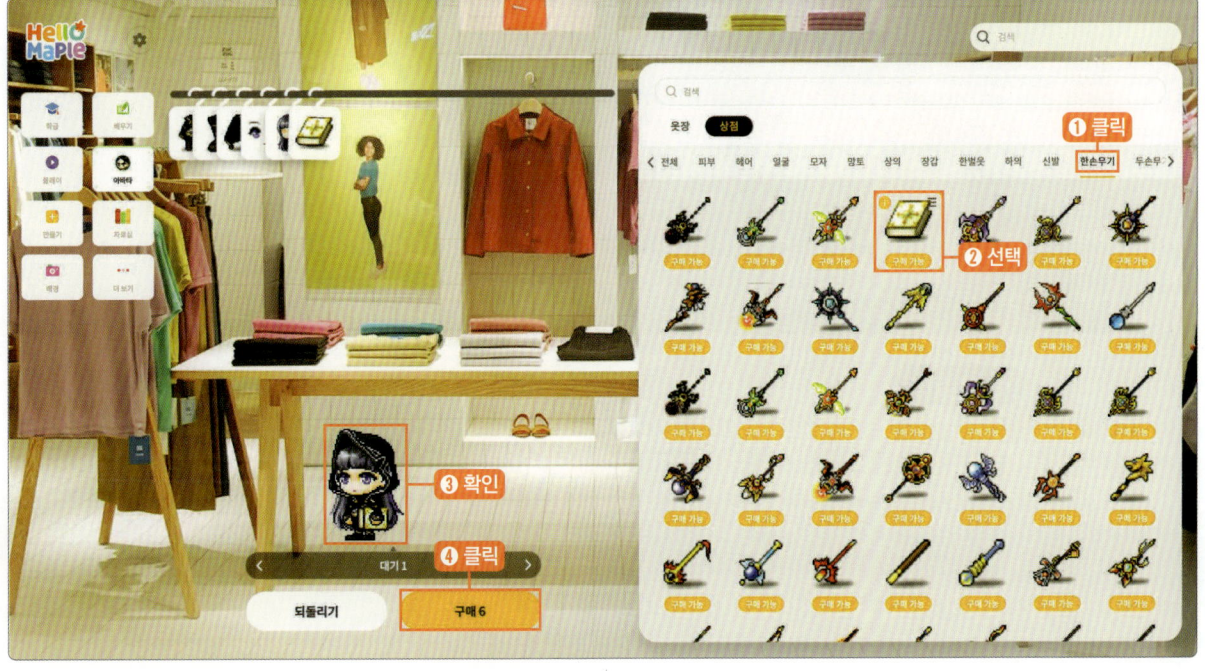

CHAPTER 02 탐험 학교 입학 준비하기!

8 구매 목록을 확인하고 [구매]를 클릭해요.

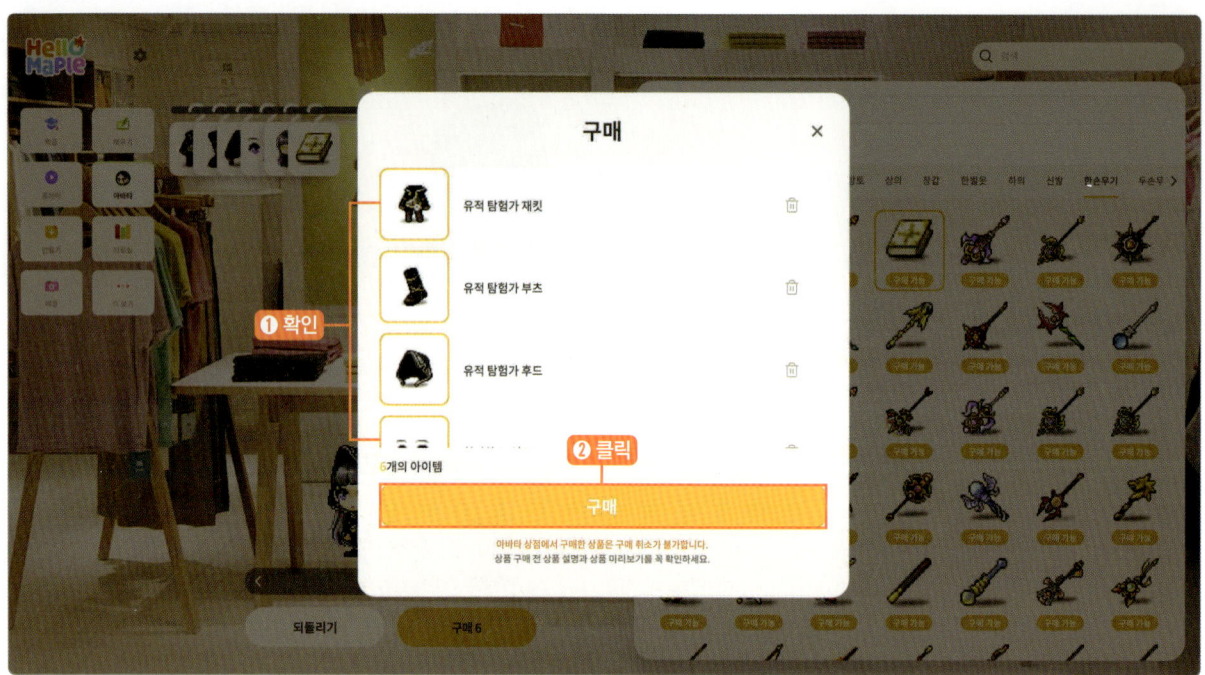

9 구매한 의상은 [옷장]에서 확인할 수 있어요!

여기서 잠깐!
아바타 상점에서 구매한 상품은 옷장에서 변경할 수 있지만 삭제는 할 수 없어요!

헬로메이플에서 미션 성공하기!

▸ 불러올 파일 : 없음　　▸ 완성된 파일 : 없음

헬로메이플 퀴즈에 도전해보자!

미션 1 지금 헬로메이플에는 할로윈 축제가 열리고 있어요! '할로윈'에 맞는 의상을 입어 보세요.

※ 아바타 상점에서 '할로윈'으로 검색해요.

완성 모습	모자	한벌옷	신발

미션 2 지금 헬로메이플에서는 메소레인저 특집 이벤트가 진행 중이에요! '메소레인저' 의상으로 갈아입고 히어로로 변신해보세요!

※ 아바타 상점에서 '메소레인저'로 검색해요.

완성 모습	모자	한벌옷

신발	장갑

CHAPTER 03 입학식으로 가는 비밀 포탈을 열어보자!

🚩 불러올 파일 : 3차시 입학식.mod   🚩 완성된 파일 : 3차시 입학식(완성).mod

학습목표
- 아바타를 움직여 포션을 주워보자.
- 비밀 포탈을 열고 입학식 장면으로 이동해 보자.

헬로메이플 왕국 이야기

오늘은 헬로메이플 탐험 학교의 입학식 날이에요! 그런데 입학식장으로 가는 문은 평범한 문이 아니라, 비밀 포탈을 통해서만 갈 수 있대요.

포탈을 열려면 마법사에게 포션을 전달해야 해요.

자, 이제 여러분의 첫 번째 임무가 시작됐어요. 떨어져 있는 포션을 주워서 마법사에게 가져다주고, 비밀 포탈을 열어 입학식장으로 출발해 볼까요?

메이플 컴퓨팅 사고력

세수하기 순서를 확인하고 빈칸에 맞게 스티커를 붙여보세요

- 먼저 비누로 손을 씻어요.
- 미지근한 물로 얼굴을 적셔요.
- 세안제로 손에 거품을 충분히 내요.
- 얼굴에 마사지 하듯 가볍게 문질러요.
- 미지근한 물로 얼굴을 헹궈요.

컴퓨터에서 실습 파일을 불러오자!

1. 헬로메이플(hellomaple.org)에서 [웹에서 실행하기] 단추를 클릭하고 로그인해요.

2. [만들기] 메뉴를 클릭하고 [새로 만들기]-[블록코딩] 템플릿을 클릭하고 [새로 만들기]를 클릭해요.

3. 새로운 월드가 열리면 [파일]을 클릭하고 [컴퓨터에서 불러오기]를 클릭해요.

CHAPTER 03 입학식으로 가는 비밀 포탈을 열어보자!

4 [열기] 대화상자에서 [불러올 파일]-[CHAPTER 03] 폴더에 있는 [3차시 입학식.mod] 파일을 선택하고 [열기]를 클릭해요.

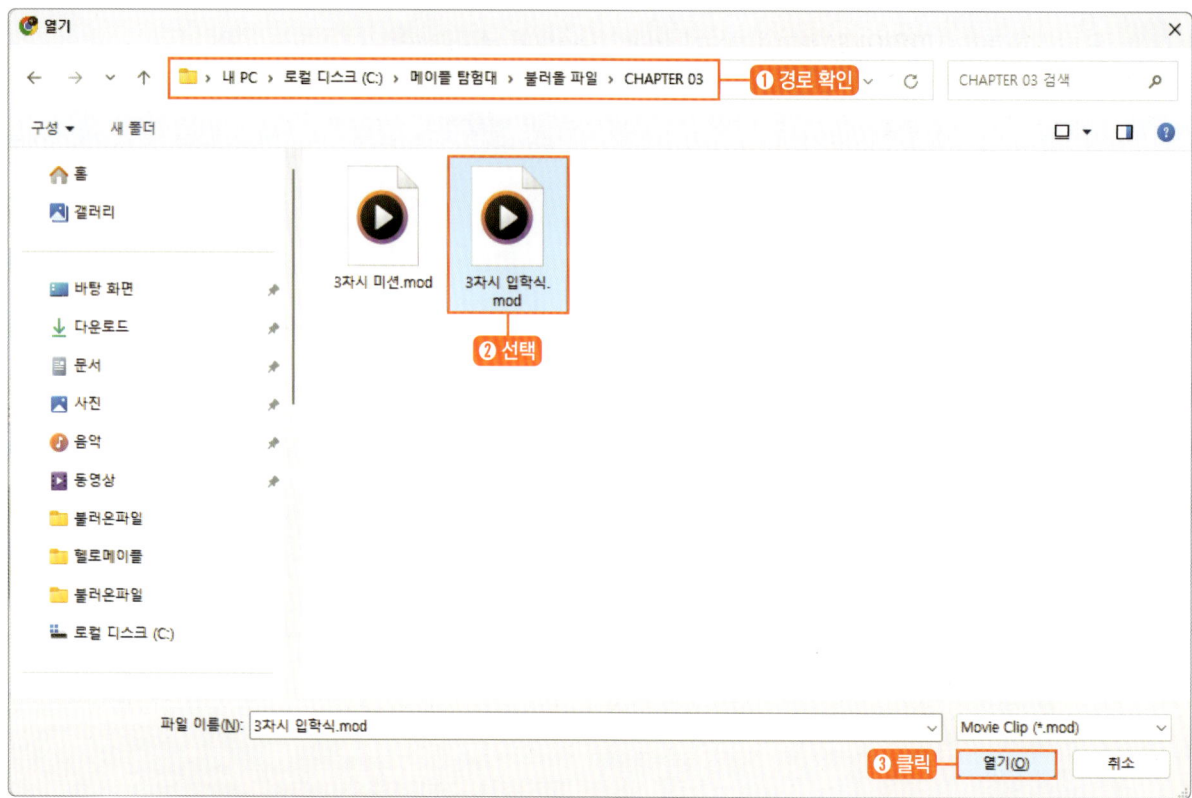

5 저장할 월드 이름은 '3차시 입학식'으로 입력하고 [확인]을 클릭해요.

02 마법사에게 전달할 포션을 주워보자!

1 '3차시 입학식' 파일이 열리면 [시작하기(▶)] 단추를 클릭해요.

2 비밀 포탈을 열기 위해서는 '포션' 10개가 필요해요. 화살표를 따라 아바타를 움직여서 '포션'을 모아 주세요.

※ 포션이란? 포탈을 만들 때 필요한 물약이에요.

CHAPTER 03 입학식으로 가는 비밀 포탈을 열어보자! • **021**

헬로메이플 TIP!

■ 아바타를 움직이는 방법을 알아보아요.

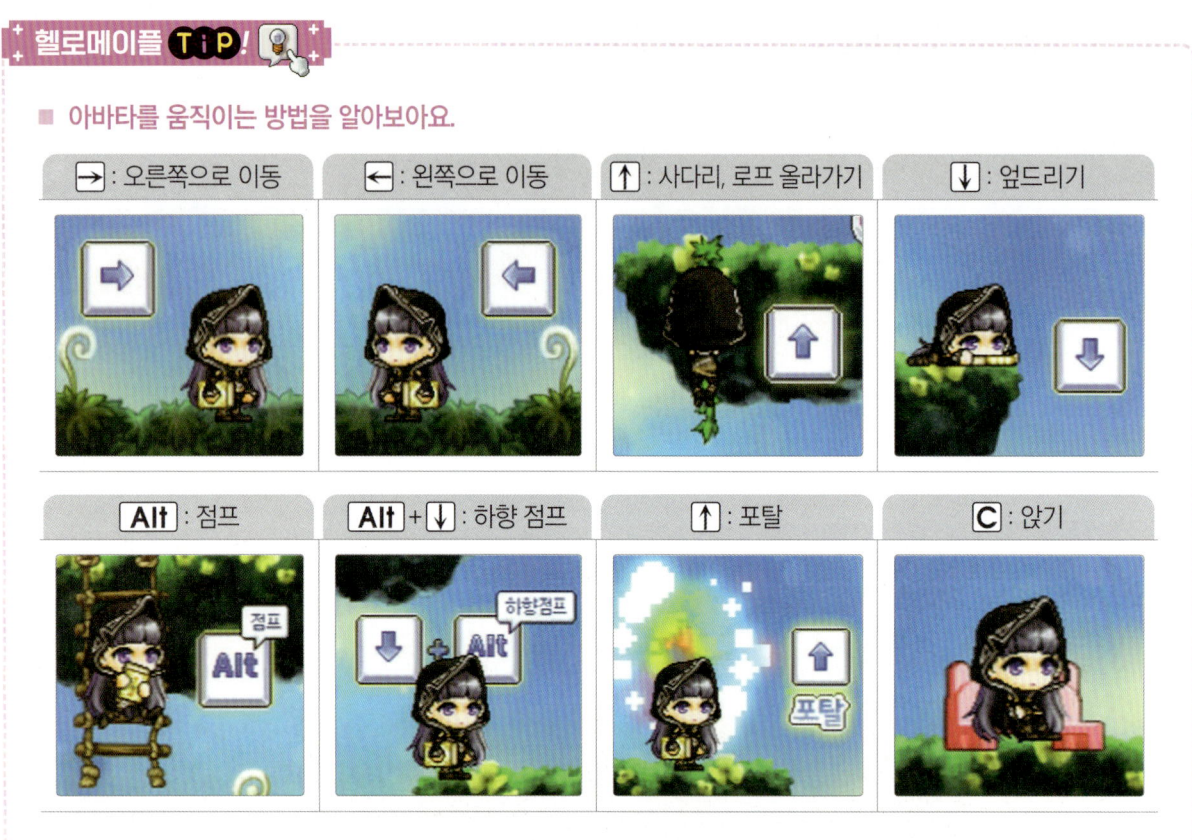

3. '포션'을 다 모아서 마법사에게 가면 비밀의 포탈이 열릴 거예요! 포탈 위에서 ↑ 키를 눌러서 입학식으로 이동해요.

여기서 잠깐!
길에 떨어져 있는 포션은 총 10개에요. 마법사에게 포션 10개를 전달해야 비밀의 포탈이 열려요!

헬로메이플 탐험 학교 입학식에 참석하자!

1 비밀 포탈을 사용해서 입학식 장소에 무사히 도착했어요!

2 방향키를 사용해서 아바타를 움직이고 '교장 선생님'을 찾아보세요!

3. '교장 선생님'을 클릭하면 입학 성공이에요~

4. 우당탕 입학식이 성공적으로 끝났어요! [멈추기(■)]를 클릭한 다음 [파일] 메뉴의 [월드 저장하기]를 클릭해요.

※ 월드 저장하기 단축키 : Ctrl + S

CHAPTER 03 헬로메이플에서 미션 성공하기!

📄 불러올 파일 : 3차시 미션.mod   📄 완성된 파일 : 3차시 미션(완성).mod

💡 큰일이에요! 등교 시간인데 늦잠을 잤어요.. 얼른 준비물을 챙겨서 학교로 이동해주세요!

미션 1 새로운 월드가 열리면 [파일]을 클릭하고 [컴퓨터에서 불러오기]를 클릭해요.

미션 2 [불러올 파일]-[CHAPTER 03] 폴더에 있는 [3차시 미션.mod] 파일을 선택하고 월드의 이름은 [3차시 미션]으로 저장해요.

미션 3 숨어있는 아이템 5개를 찾아 클릭하면 학교로 가는 '포탈'을 사용할 수 있어요. 숨겨진 아이템을 찾아주세요.

숨어있는 아이템 5개

책	주황버섯 인형	크리스마스 종	보물상자	핑크빈

CHAPTER 04 코딩 모험 중간 체크포인트!

◤ 불러올 파일 : 4차시 메소레인저.mod   ◤ 완성된 파일 : 4차시 메소레인저(완성).mod

미션 1 [불러올 파일]-[CHAPTER 04] 폴더에 있는 [4차시 메소레인저.mod] 파일을 선택하고 월드의 이름은 [4차시 미션]으로 저장해요.

미션 2 [시작하기(▶)]를 클릭해서 박사님의 미션을 확인해요.

※ 건전지 10개를 모아서 박사님에게 가면 발판이 움직여요.

미션 3 움직이는 발판을 밟고 높은 곳에 있는 포탈에 도착해요. 이어서, 포탈 위에서 ↑ 키를 눌러 이동해요.

> **미션 4**   [멈추기(■)]를 클릭한 다음 [파일] 메뉴의 [월드 저장하기]를 클릭해요.

※ 월드 저장하기 단축키 : Ctrl + S

> **미션 5**   다음 중 아바타를 움직이는 방법이 다른 것을 고르세요.   (번)

① ← : 왼쪽으로 이동	② ↑ : 포탈	③ Alt : 점프	④ Ctrl : 앉기

> **미션 6**   다음 중 [아바타] 상점에 대한 설명을 읽고 O, X로 표시해 주세요.

- 상점에서는 헤어와 의상뿐만 아니라 전체적인 아바타의 모습을 꾸밀 수 있어요. (O, X)
- 상점에서 구매한 상품은 옷장에서 변경하고 삭제도 가능해요. (O, X)
- 상점에서 원하는 아이템을 키워드로 검색할 수 있어요. (O, X)

CHAPTER 05 이상한 마을의 비밀! 할로윈 마을을 조사하라!

▶ 불러올 파일 : 5차시 할로윈.mod   ▶ 완성된 파일 : 5차시 할로윈(완성).mod

학습목표
- 배경을 변경하여 월드의 분위기를 다양하게 표현해 보자.
- 하늘에서 떨어지는 사탕을 받아보며 상호작용 기능을 익히자.

헬로메이플 왕국 이야기

오늘은 헬로메이플 탐험 학교의 첫 번째 실전 미션 날이에요! 여러분은 '이상한 마을'을 조사하기 위해 비밀 포탈을 타고 새로운 월드로 이동해야 해요.

그런데 이 마을은 평범하지 않아요... 주변이 온통 할로윈처럼 변해버린 무시무시한 모습이거든요!

하늘은 짙은 안개로 뒤덮이고, 늪지대 곳곳에는 으스스한 기운이 감돌아요. 축축한 땅 위로 유령들이 떠다니고, 부패한 나무들이 삐걱거리며 소리를 내고 있어요.

비밀 포탈을 열자마자 천장에서 떨어지는 사탕을 받아서 마녀에게 보여주면, 미션 완료! 과연 여러분은 무사히 할로윈 마을을 탐험하고 임무를 완수할 수 있을까요?

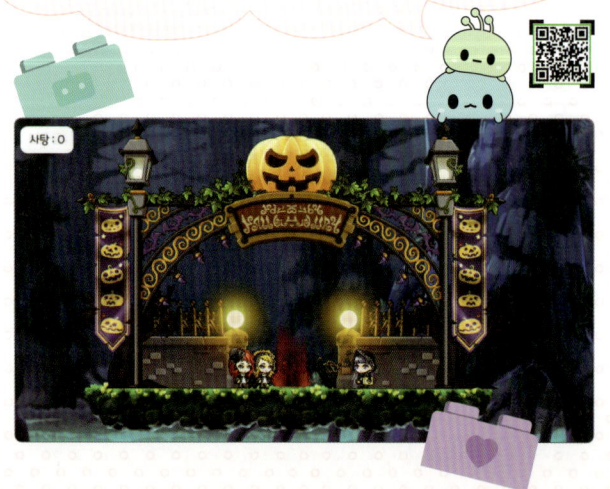

메이플 컴퓨팅 사고력

학교가는 순서를 확인하고 빈칸에 맞게 스티커를 붙여보세요.

- 내방 이불을 정리해요.
- 책, 노트 등 준비물을 다시 한번 확인해요.
- 아침 밥을 먹어요.
- 양치질을 해요.
- 친구들이랑 같이 학교를 가요.

01 할로윈 축제에 가는 길을 확인해보자!

1 헬로메이플(hellomaple.org)에서 [웹에서 실행하기]를 클릭하고 로그인한 다음 [만들기] 메뉴를 클릭하고 [새로 만들기]를 클릭해요.

2 새로운 월드가 열리면 [파일]을 클릭하고 [컴퓨터에서 불러오기]를 클릭해요.

3 [열기] 대화상자에서 [불러올 파일]-[CHAPTER 05] 폴더에 있는 [5차시 할로윈.mod] 파일을 선택하고 [열기]를 클릭해요.

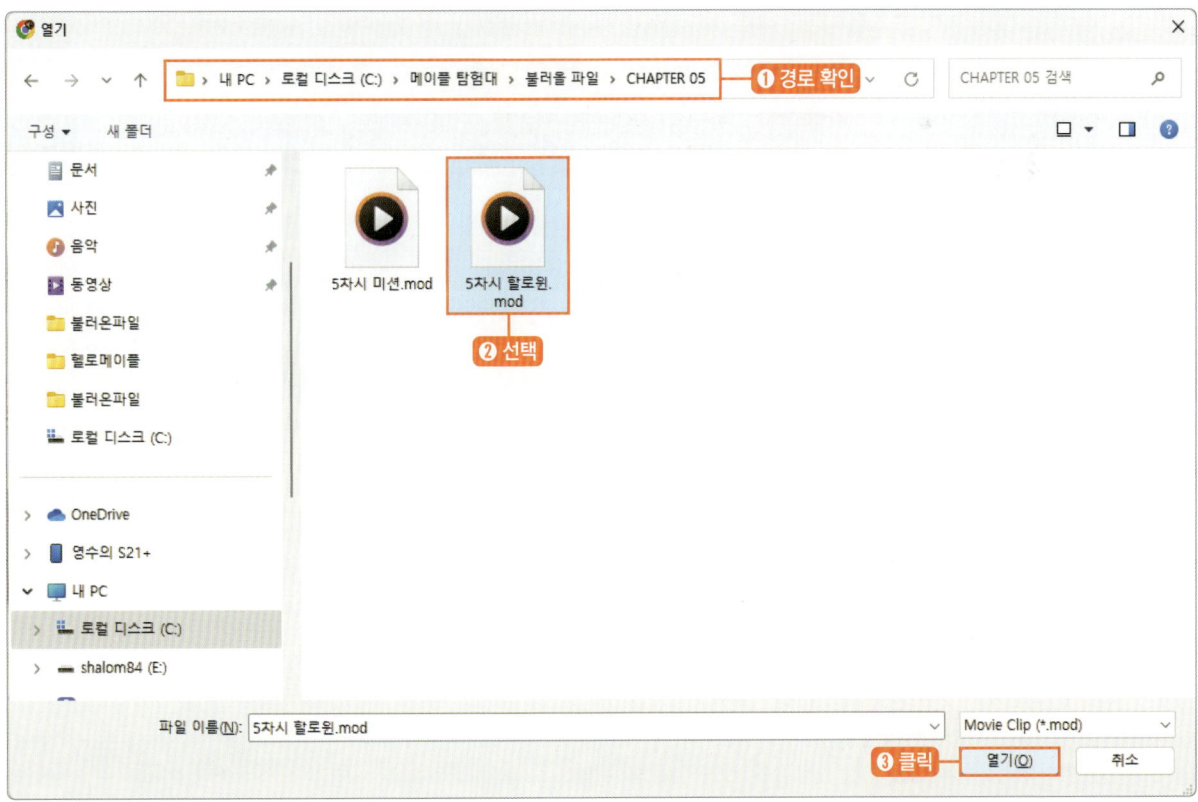

4 월드의 이름은 '5차시 할로윈'으로 저장하고 [시작하기(▶)]를 클릭해요.

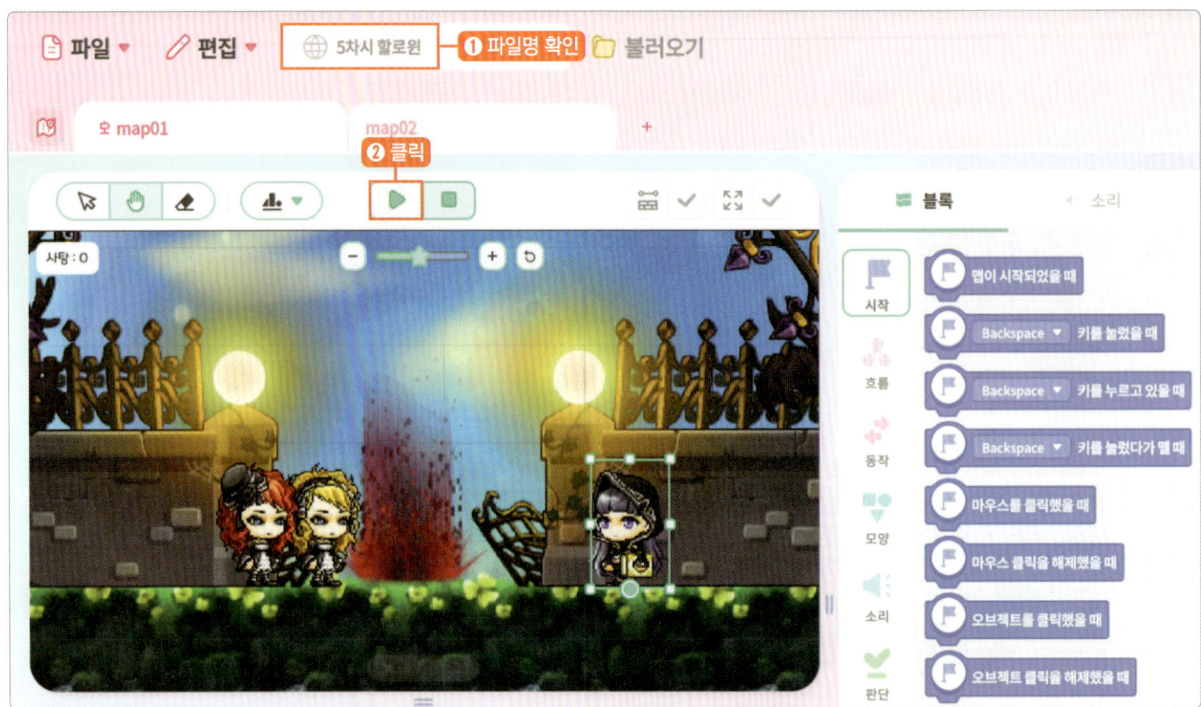

5 할로윈 축제에 참여하기 위해서는 월드의 배경을 할로윈 느낌이 나도록 변경해야 해요. 먼저 [멈추기(■)]를 클릭해요.

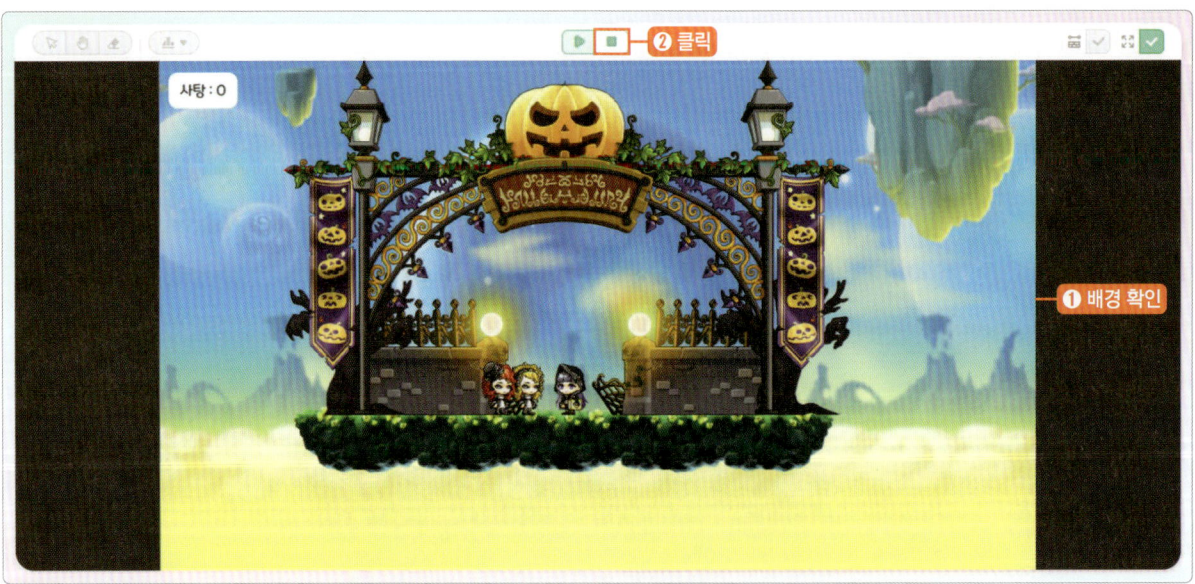

02 할로윈 분위기의 배경으로 변경하자!

1 오브젝트 모음 공간에서 [배경]을 클릭하고 [배경] 탭을 클릭해요. 이어서, [배경 고르기(◉)]를 클릭해요.

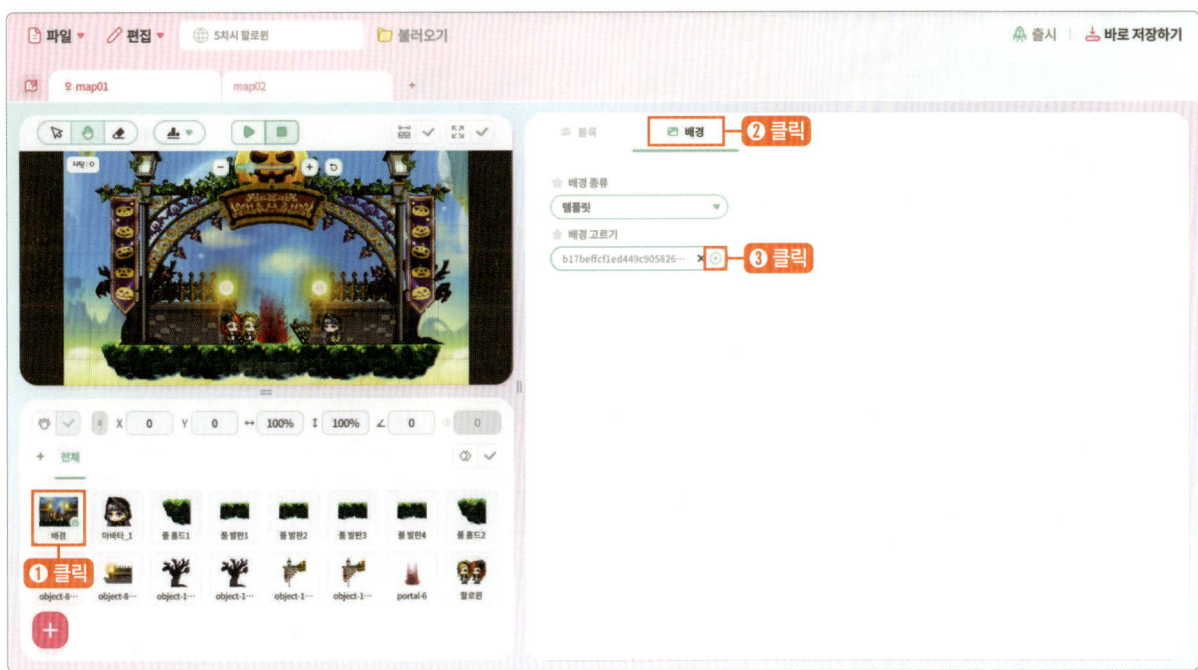

2 배경 목록 중에서 [늪지 1]을 선택해요.

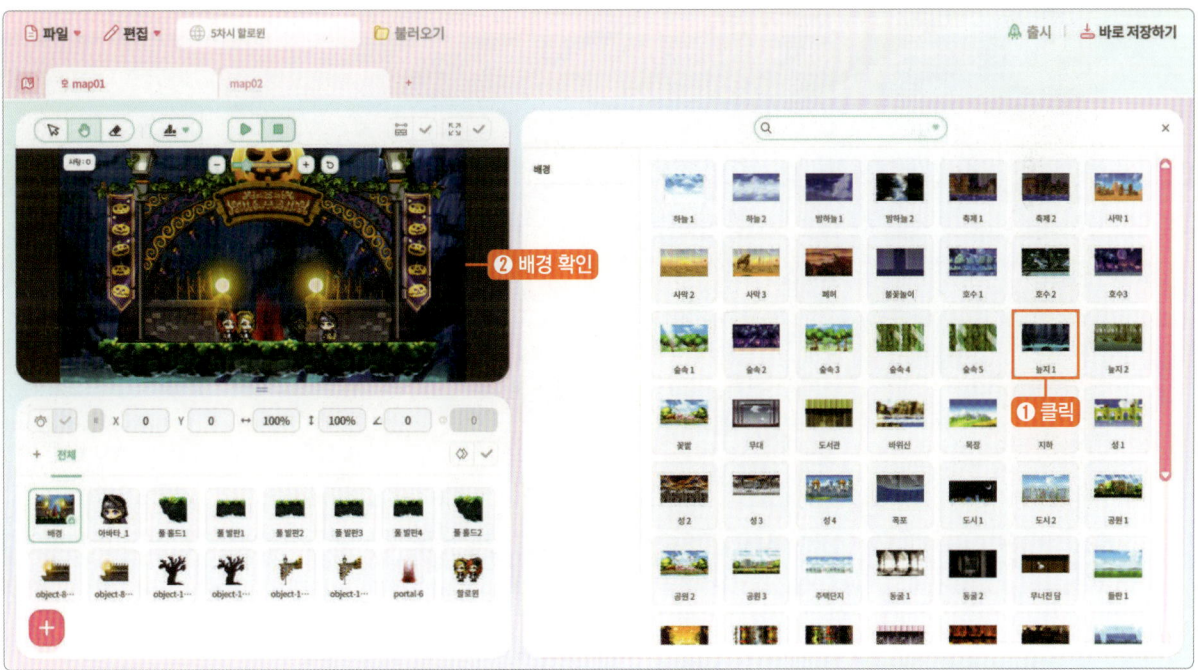

3. [시작하기(▶)]를 클릭해서 변경된 배경을 확인하고 호박 마녀들을 클릭하면 할로윈 축제로 가는 포탈이 열려요.

※ 포탈 위에서 ↑ 키를 누르면 할로윈 축제에 입장할 수 있어요.

4. 할로윈 축제에 입장하면 3초 후에 게임이 시작되고, 할로윈 사탕 15개를 모으면 탈출 성공이에요!

※ 할로윈 사탕 : 사탕 개수 +1, 할로윈 귀신 : 사탕 개수 -1

5. [멈추기(■)]를 클릭한 다음 [파일] 메뉴의 [월드 저장하기]를 클릭해요.!

※ 월드 저장하기 단축키 : Ctrl + S

CHAPTER 05

헬로메이플에서 미션 성공하기!

▸ 불러올 파일 : 5차시 미션.mod ▸ 완성된 파일 : 5차시 미션(완성).mod

> 내가 주인공인 영화가 상영 중이에요.
> 하늘에서 떨어지는 할로윈 캐릭터를 피해서 할로윈 사탕을 먹어요!

미션 1 새로운 월드가 열리면 [파일]을 클릭하고 [컴퓨터에서 불러오기]를 클릭해요.

미션 2 [불러올 파일]-[CHAPTER 05] 폴더에 있는 [5차시 미션.mod] 파일을 선택하고 월드의 이름은 [5차시 미션]으로 저장해요.

미션 3 [배경] 탭-[배경 고르기()]를 클릭하고 [무대] 배경으로 변경해요.

미션 4 하늘에서 떨어지는 할로윈 캐릭터를 피해서 할로윈 사탕 10개를 모아주세요.

※ 할로윈 캐릭터에 닿으면 생명이 1씩 감소해요. (생명이 0일 때 게임 종료..)
※ 할로윈 사탕에 닿으면 사탕이 1씩 증가해요. (사탕이 10일 때 게임 성공!)

할로윈 캐릭터			할로윈 사탕

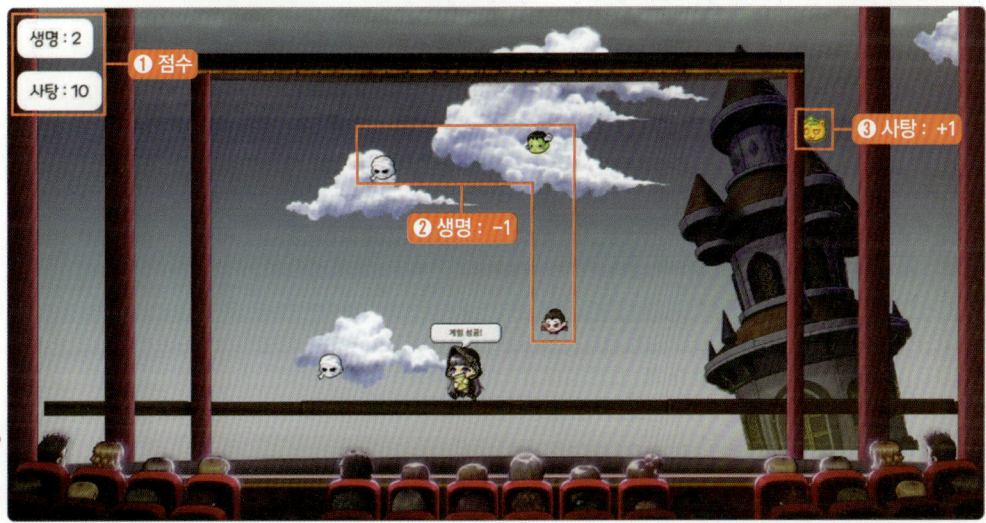

CHAPTER 06 할로윈 이벤트! 길 잃은 할로윈 요정을 구해주자!

🔺 불러올 파일 : 6차시 할로윈 요정.mod   🔻 완성된 파일 : 6차시 할로윈 요정(완성).mod

학습목표
- 발판 오브젝트를 추가하여 다양한 지형을 탐험해 보자.
- 호박 요정과 함께 목표 지점까지 도달해 보자.

헬로메이플 왕국 이야기

탐험 학교에서 할로윈 스페셜 이벤트가 열렸어요! 이번 이벤트의 주제는 바로...

"길 잃은 할로윈 요정을 안전한 골인지점까지 데려다주기!"

숲속 깊은 늪지대, 마녀의 장난으로 길을 잃은 할로윈 요정이 혼자 떨고 있어요. 도와주지 않으면 요정은 늪 속에 빠지고 말지도 몰라요!

하지만 길은 끊어진 절벽과 흔들리는 나무 다리, 그리고 깊은 구덩이로 가득해요. 사다리와 로프를 잘 설치해가며 요정을 데리고 무사히 골인 지점까지 데려다주세요!

메이플 컴퓨팅 사고력

맛있는 학교 급식 먹는 순서를 확인하고 빈칸에 맞게 스티커를 붙여보세요.

- 손을 깨끗이 씻어요.
- 급식실에 도착하여 순서를 기다려요.
- ☐
- 식판을 받고 숟가락, 젓가락을 챙겨요.
- 반찬, 국, 밥을 받아요.
- ☐
- 자리에 가서 맛있게 식사해요.
- 식사 후, 남은 밥과 반찬을 버리고 식판을 제자리에 갖다 놓아요.

01 실행 화면의 크기와 위치를 조절하자!

1 헬로메이플에 로그인하고 [만들기]-[새로 만들기]를 클릭해요.

2 [파일]-[컴퓨터에서 불러오기]를 클릭한 다음 [불러올 파일]-[CHAPTER 06] 폴더에 있는 [6차시 할로윈 요정.mod] 파일을 선택하고 [열기]를 클릭해요.

 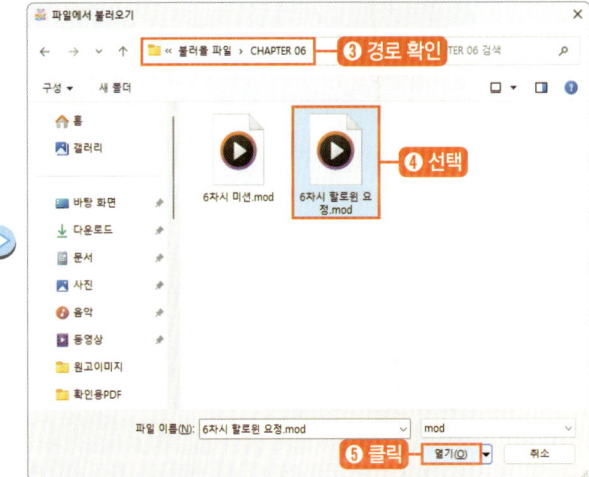

3 월드의 이름은 '6차시 할로윈 요정'으로 저장해요.

CHAPTER 06 할로윈 이벤트! 길 잃은 할로윈 요정을 구해주자! • **035**

4 ▶ 실행 화면에서 [축소(-)]를 클릭해서 화면의 크기를 줄여요.

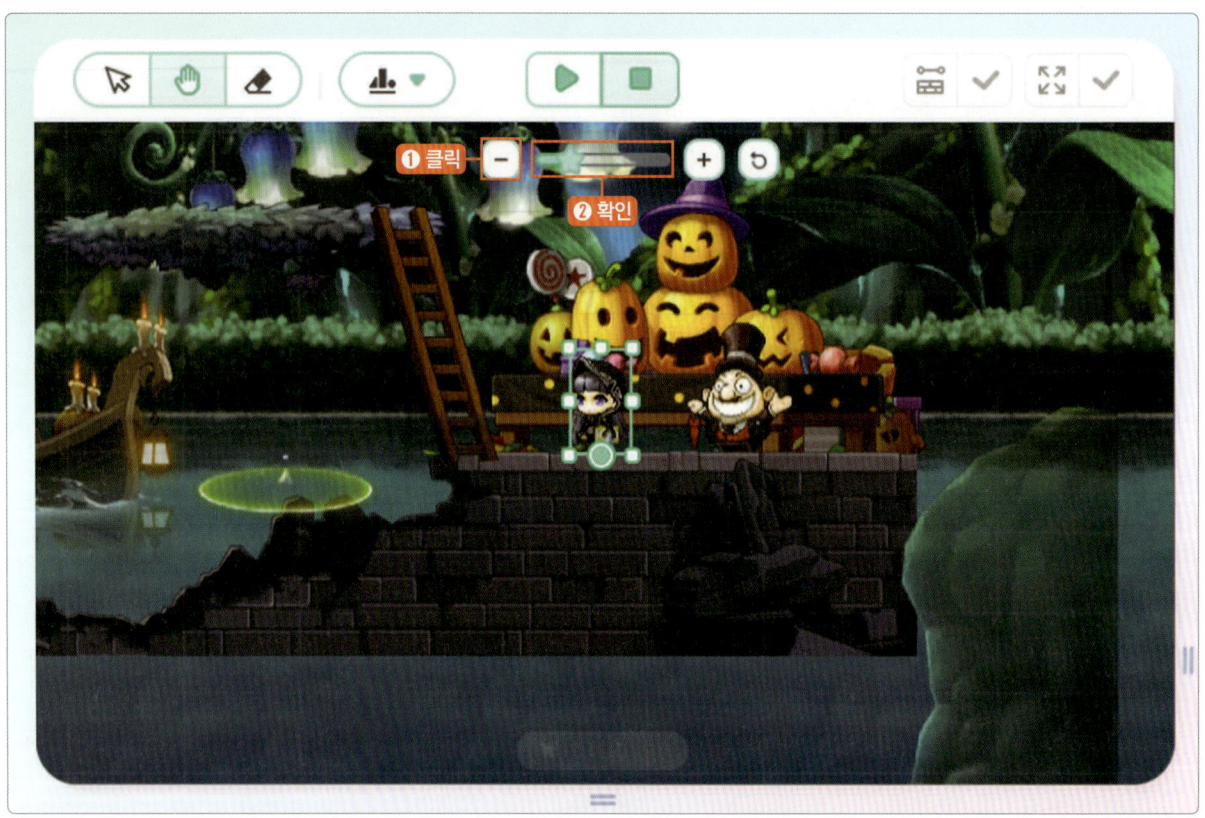

5 ▶ [화면 이동 커서(✋)]를 클릭하고 그림과 같이 화면의 위치를 변경해요.

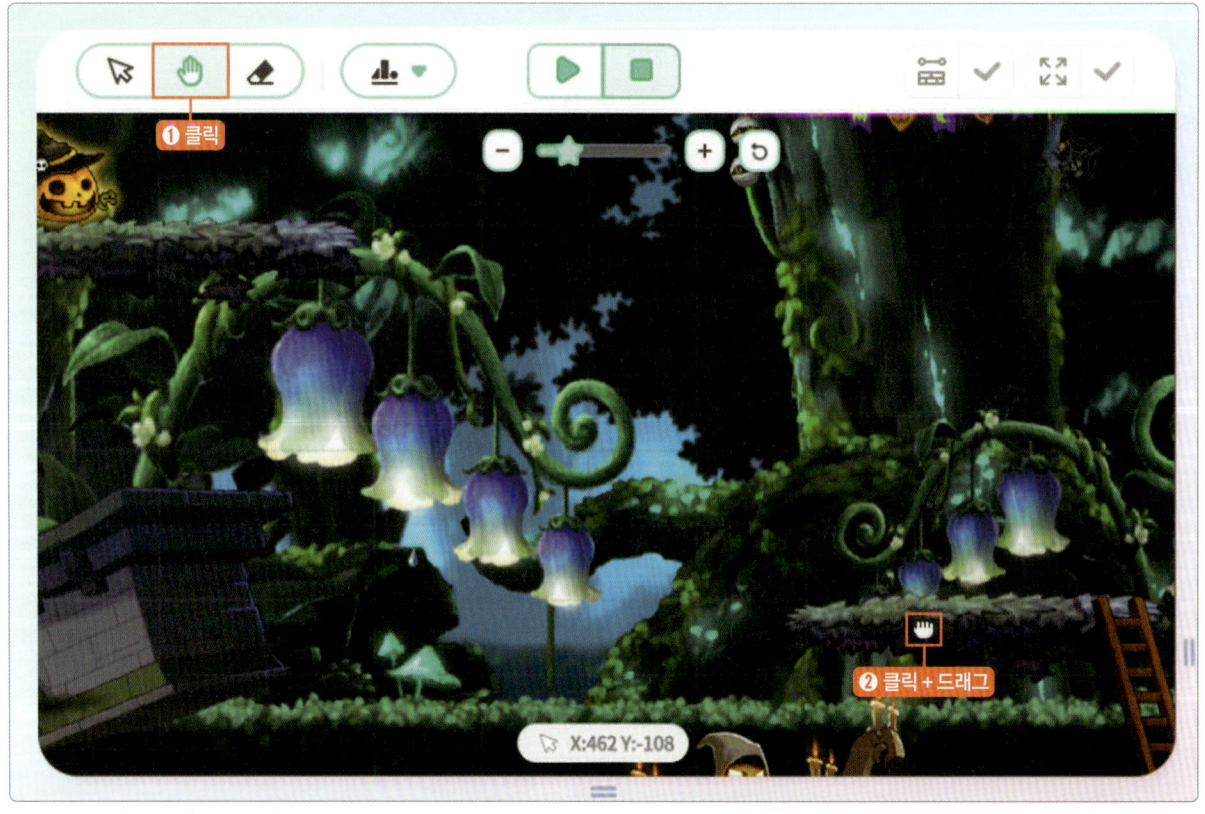

02 할로윈 요정까지 가는 길을 추가하자! (발판 추가)

1 오브젝트 모음 공간에서 [추가하기(+)]-[오브젝트 추가하기]를 클릭하고 [공간]-[돌 발판10]을 클릭해요.

2 오브젝트의 위치를 변경하기 위해 [기본 커서(↖)]로 변경해요.

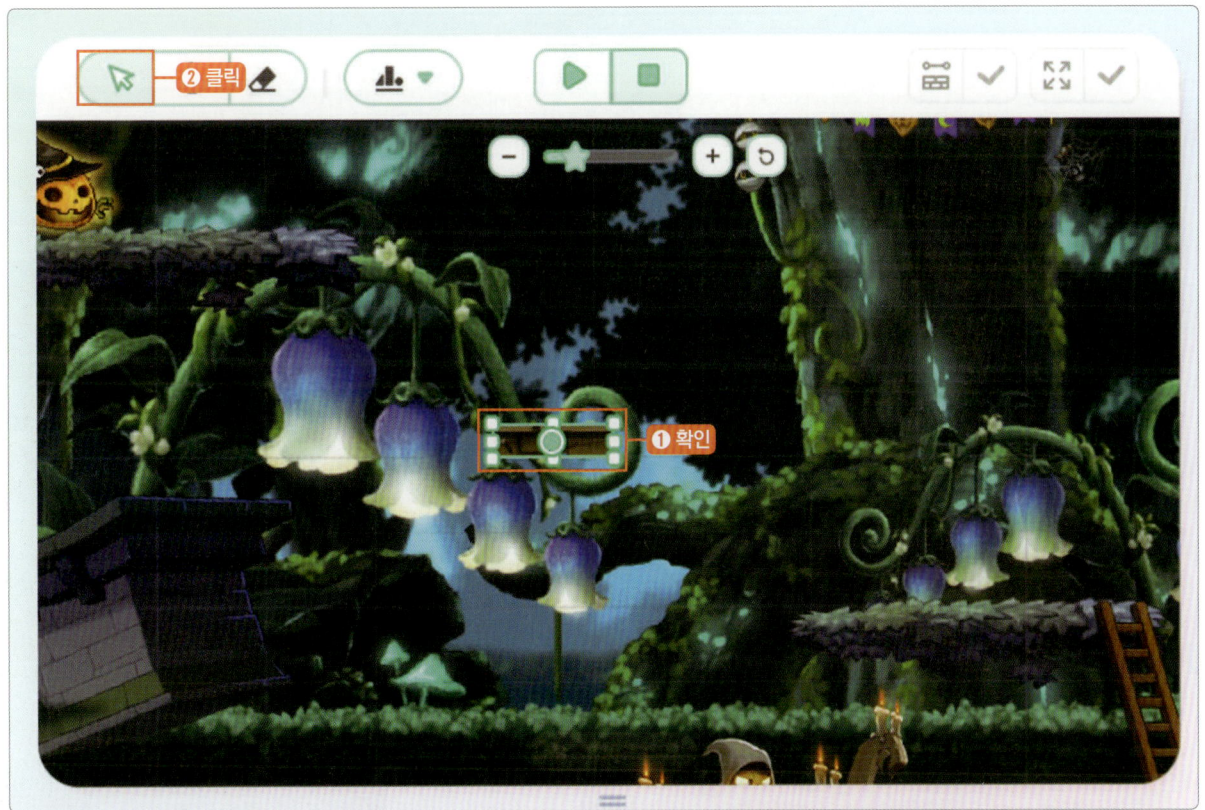

3 ▶ [돌 발판10] 오브젝트를 클릭하고 오브젝트 모음 공간에서 X: −425, Y: 65 위치로 설정해요.

4 ▶ [돌 발판10] 오브젝트를 마우스 오른쪽 단추로 클릭해서 [복제하기]를 클릭해요.

5 [복제하기]를 한번 더 클릭하고 복제된 [돌 발판10]의 위치를 변경해요.

※ 두 번째 돌 발판 : X: -165, Y: 15 / 세 번째 돌 발판 : X: 110, Y: -25

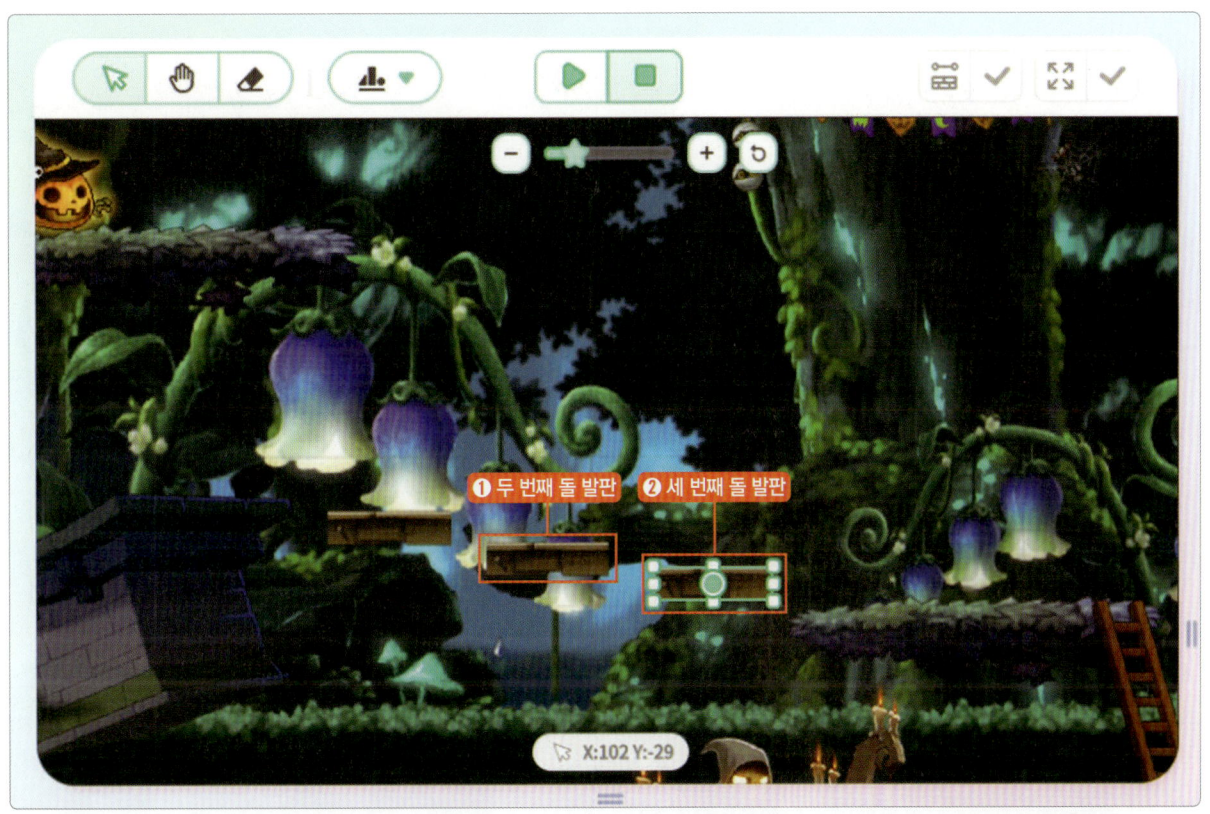

03 할로윈 요정까지 가는 길을 추가하자! (사다리 추가)

1 [화면 이동 커서(🖐)]를 클릭하고 화면의 위치를 변경해요.

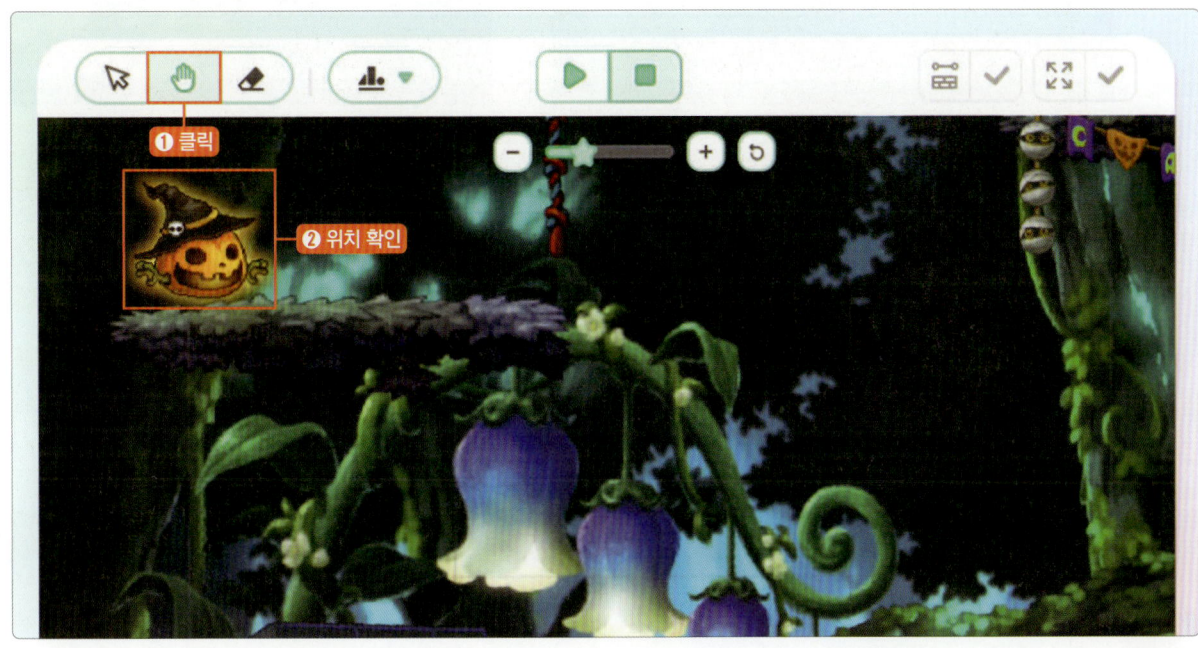

2 [기본 커서(　)]로 변경한 다음 [추가하기(　)]-[오브젝트 추가하기]를 클릭하고 [공간]-[나무 사다리1]을 클릭해요.

 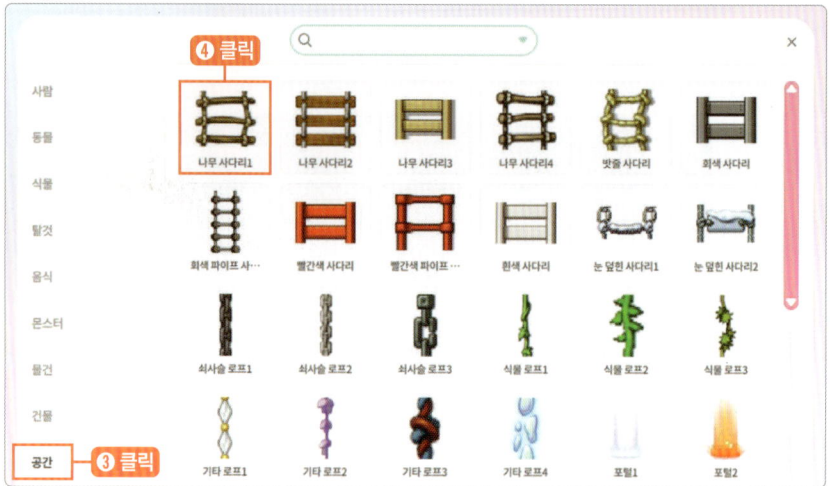

3 그림과 같이 사다리를 설치하고 사다리의 길이를 조절하기 위해 [길이 조절(　)]을 클릭하면서 아래로 드래그해요.

4 [시작하기(　)]를 클릭하고 할로윈 요정이 있는 곳까지 간 다음 Z 키를 눌러 할로윈 요정을 데리고 제한 시간 안에 골인 지점까지 도착해 보세요.

※ 제한 시간 : 30초

5 [멈추기(　)]를 클릭한 다음 [파일] 메뉴의 [월드 저장하기]를 클릭해요.!

※ 월드 저장하기 단축키 : Ctrl + S

CHAPTER 06

헬로메이플에서 미션 성공하기!

▸ 불러올 파일 : 6차시 미션.mod   ▸ 완성된 파일 : 6차시 미션(완성).mod

💡 다음 미션으로 넘어가려면 비행선에 탑승해야 해요!
사다리와 발판을 추가해 주세요!

미션 1 새로운 월드가 열리면 [파일]을 클릭하고 [컴퓨터에서 불러오기]를 클릭해요.

미션 2 [불러올 파일]-[CHAPTER 06] 폴더에 있는 [6차시 미션.mod] 파일을 선택하고 월드의 이름은 [6차시 미션]으로 저장해요.

미션 3 [추가하기()]-[오브젝트 추가하기]를 클릭하고 [공간]-[돌 발판8]을 추가해요.

미션 4 [돌 발판8]의 위치를 X: 800, Y: 600 위치로 설정해요.

미션 5 [공간]-[빨간색 파이프 사다리]를 추가해요.

미션 6 [빨간색 파이프 사다리]의 위치와 길이를 그림과 같이 설정해요.

CHAPTER 06 할로윈 이벤트! 길 잃은 할로윈 요정을 구해주자! **041**

CHAPTER 07 사라진 열쇠! 유령을 물리쳐라!

🚩 불러올 파일 : 7차시 할로윈 열쇠.mod   🚩 완성된 파일 : 7차시 할로윈 열쇠(완성).mod

학습목표
- 로프를 추가하여 높은 곳으로 이동해보자.
- 몬스터를 처치해서 열쇠를 얻고 포탈로 탈출하자.

헬로메이플 왕국 이야기

유령들이 포탈을 여는 열쇠를 훔쳐 달아났어요! 열쇠를 되찾으려면, 버려진 집 안에 있는 유령 소굴로 가야 해요.

로프를 사용해 유령이 있는 곳까지 조심히 이동해요.

유령과 박쥐를 물리쳐서 열쇠를 얻고 열쇠를 얻었다면 곧장 포탈로 이동해서 이곳을 빠져나가야 해요!

로프 설치 → 유령 처치 → 열쇠 획득 → 포탈 도달! 과연 여러분은 이 무시무시한 미션을 무사히 완수할 수 있을까요?

메이플 컴퓨팅 사고력

길을 잃었을 경우 어떻게 대처하는지 순서를 확인하고 빈칸에 맞게 **스티커를** 붙여보세요.

- 울지 말고 주변을 살펴요.
- 가까운 경찰서나 편의점을 찾아요.
- 경찰서에서 자기집 주소나 부모님 휴대폰 번호를 알려줘요.
- 부모님이 경찰서로 찾아와요.
- 부모님과 집으로 가요.

01 높은 곳으로 올라가기 위해 로프를 추가하자!

1 헬로메이플에 로그인하고 [만들기]-[새로 만들기]를 클릭해요.

2 [파일]-[컴퓨터에서 불러오기]를 클릭한 다음 [불러올 파일]-[CHAPTER 07] 폴더에 있는 [7차시 할로윈 열쇠.mod] 파일을 선택하고 [열기]를 클릭해요.

3 월드의 이름은 '7차시 할로윈 열쇠'로 저장해요.

CHAPTER 07 사라진 열쇠! 유령을 물리쳐라! • **043**

4 실행 화면에서 [축소(-)]를 클릭해서 화면의 크기를 줄이고, [화면 이동 커서(✋)]를 클릭해서 그림과 같이 화면의 위치를 변경해요.

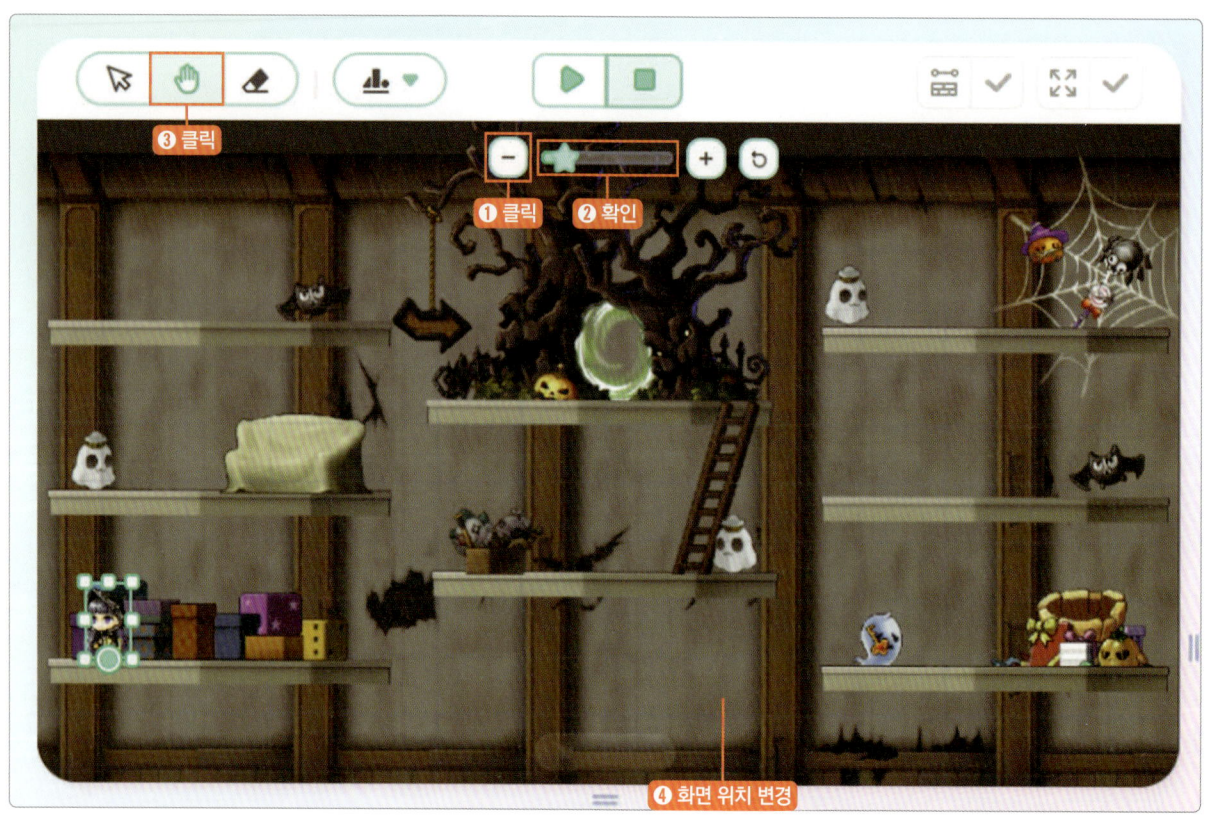

5 [추가하기(+)]-[오브젝트 추가하기]를 클릭하고 [공간]-[쇠사슬 로프2]를 클릭해요.

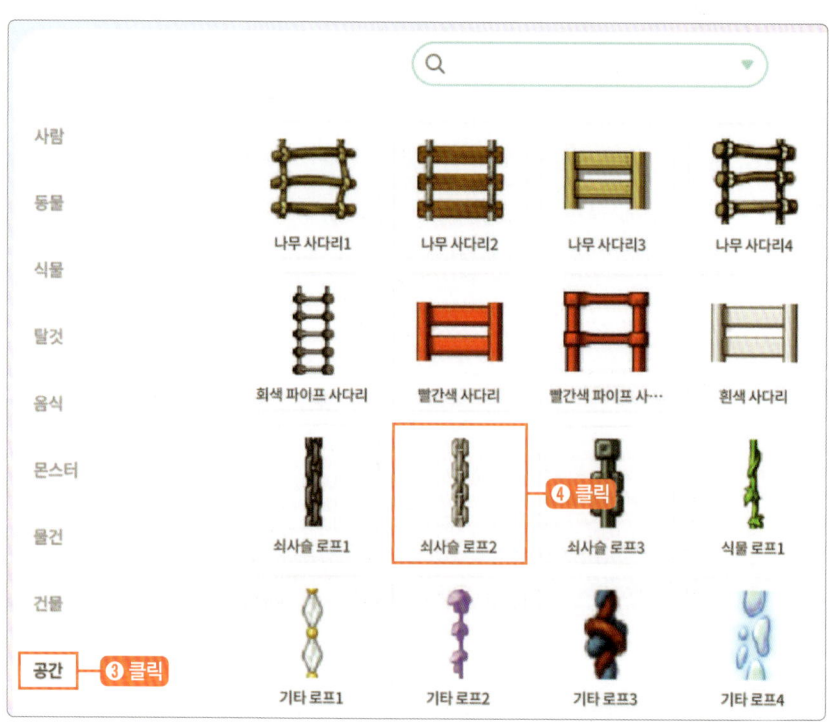

6 [기본 커서(⬚)]로 변경한 다음 그림과 같이 총 4개의 로프를 설치해요.

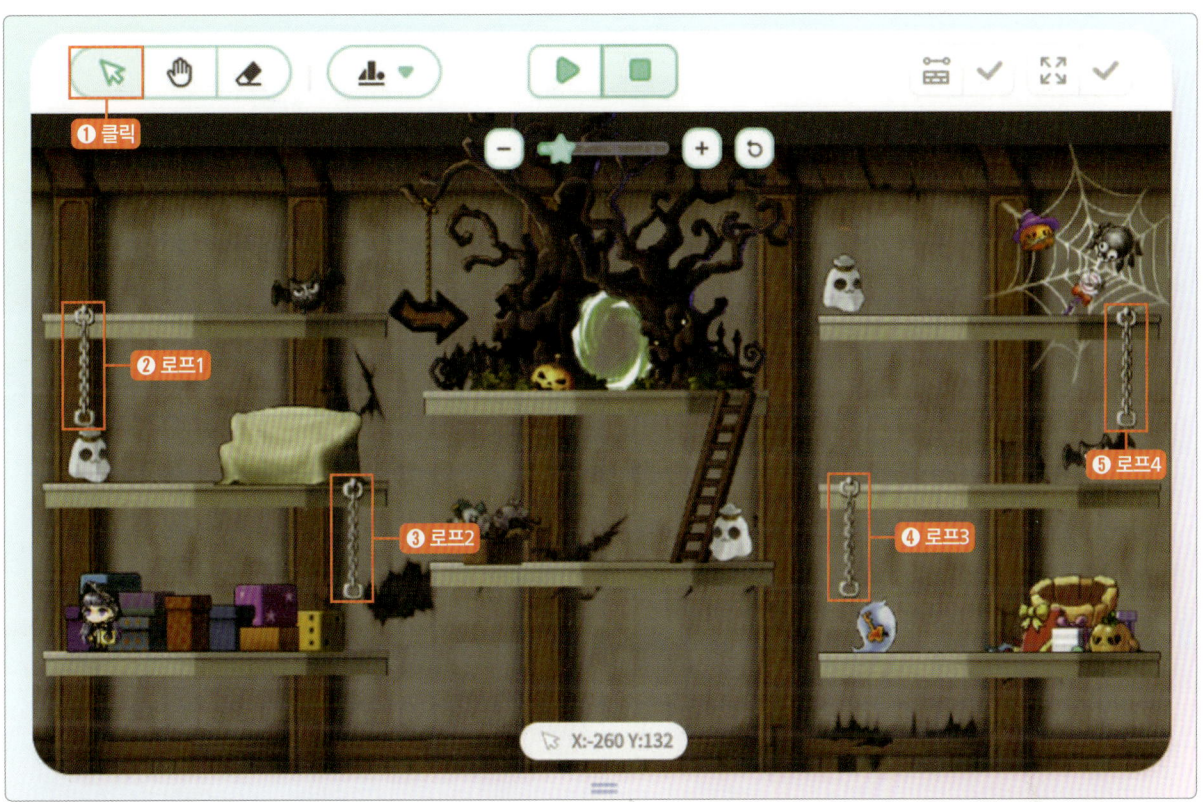

02 화면에 글자를 추가해보자!

1 [추가하기(➕)]-[글자 추가하기]를 클릭하고 [글자] 탭을 클릭해요.

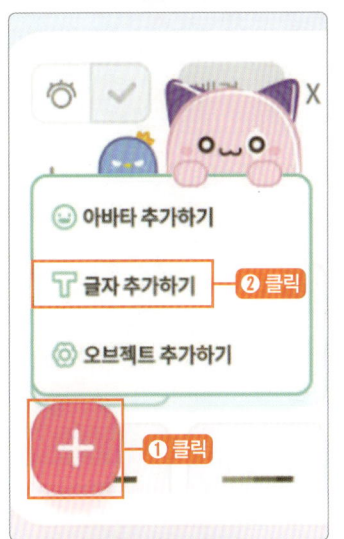

여기서 잠깐!
오브젝트를 추가한 다음 오브젝트 대화상자의 닫기(❌)를 클릭하면 [글자] 탭을 볼 수 있어요.

2 글자의 내용은 '열쇠를 찾아라!'라고 입력하고 글꼴(메이플), 크기(70), 정렬(가운데 맞춤)으로 설정해요.

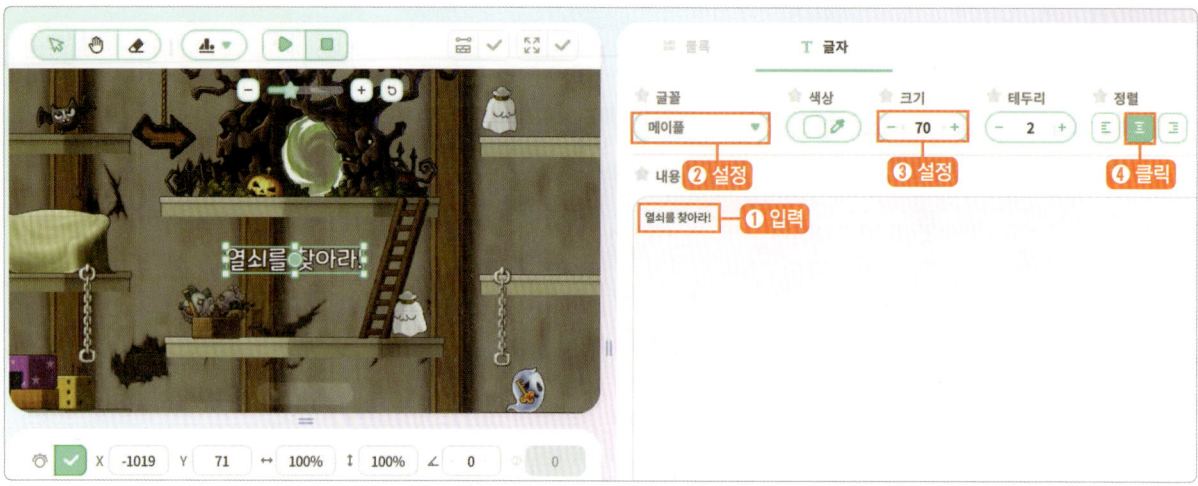

3 [시작하기(▶)]를 클릭하고 로프를 이용해 유령까지 이동한 다음 Ctrl 키를 눌러 공격해요.

4 유령을 공격해서 열쇠를 찾았다면 Z 키를 눌러 열쇠를 주운 다음 포탈로 이동하면 미션 성공이에요!

5 [멈추기(■)]를 클릭한 다음 [파일] 메뉴의 [월드 저장하기]를 클릭해요.

※ 월드 저장하기 단축키 : Ctrl + S

CHAPTER 07 헬로메이플에서 미션 성공하기!

▶ 불러올 파일 : 7차시 미션.mod   ▶ 완성된 파일 : 7차시 미션(완성).mod

💡 과일 가게 아저씨가 고민이 있는 것 같아요! 아저씨의 고민을 들어주세요!

미션 1 새로운 월드가 열리면 [파일]을 클릭하고 [컴퓨터에서 불러오기]를 클릭해요.

미션 2 [불러올 파일]-[CHAPTER 07] 폴더에 있는 [7차시 미션.mod] 파일을 선택하고 월드의 이름은 [7차시 미션]으로 저장해요.

미션 3 [추가하기(+)]-[오브젝트 추가하기]를 클릭하고 [공간]-[식물 로프1]을 추가해요.

미션 4 [식물 로프1]의 위치와 길이를 그림과 같이 설정해요.

미션 5 오브젝트 모음 공간에서 [글자_1]을 클릭하고 글꼴(배찌), 크기(60)으로 변경해요.

미션 6 [시작하기(▶)]를 클릭하고 과일 10개를 모아 과일 아저씨에게 전달해 주세요.

CHAPTER 07 사라진 열쇠! 유령을 물리쳐라! • 047

CHAPTER 08 코딩 모험 중간 체크포인트!

▼ 불러올 파일 : 8차시 바닷속.mod ▼ 완성된 파일 : 8차시 바닷속(완성).mod

미션 1 [불러올 파일]-[CHAPTER 08] 폴더에 있는 [8차시 바닷속.mod] 파일을 선택하고 월드의 이름은 [8차시 미션]으로 저장해요.

미션 2 실행 화면에서 화면의 크기를 줄이고, 그림과 같이 화면의 위치를 변경해요.

❶ 화면 크기 조절
❷ 화면 위치 변경

미션 3 [오브젝트 추가하기]-[공간]을 클릭하고 [나무 사다리2]와 [기타 로프4]를 추가해요.

❶ 나무 사다리2
❷ 기타 로프4

나무 사다리2

기타 로프4

미션 4 [오브젝트 추가하기]-[동물]을 클릭하여 바닷속을 꾸며주세요.

미션 5 실행 화면에서 사용하는 커서의 모양과 역할을 보고 알맞게 연결해 보세요.

▶ (기본 커서) ●   ● 오브젝트를 지울 때 사용

✋ (화면 이동 커서) ●   ● 화면의 위치를 이동할 때 사용

🧽 (지우개 커서) ●   ● 오브젝트의 위치를 이동할 때 사용

CHAPTER 08 코딩 모험 중간 체크포인트! • 049

CHAPTER 09 신나는 놀이기구를 타고 도장을 모아보자!

▶ 불러올 파일 : 9차시 놀이공원.mod   ▶ 완성된 파일 : 9차시 놀이공원(완성).mod

학습목표
- 포탈을 이용하여 놀이기구 장소로 이동하자.
- 도장을 모아 포토존에 가서 미션을 완료하자.

헬로메이플 왕국 이야기

오늘은 헬로메이플 놀이공원에 놀러왔어요~
놀이기구 두 곳을 모두 체험해야만 미션이 성공된다고 해요! 회전목마는 왼쪽, 귀신의 집은 오른쪽 길을 따라 포탈을 타고 이동할 수 있어요.

하지만 놀이기구가 있는 높은 곳엔 발판과 로프가 없어서 갈 수 없는 상태에요! 여러분이 직접 로프와 발판을 설치해서 길을 만들어야 해요.

각 놀이기구 앞에서 탑승 확인 도장을 받을 수 있어요!
회전목마 탑승 → 귀신의 집 탐험 → 포토존 도착
포토존에 있는 직원에게 두 장소를 모두 체험했는지 확인받으면 오늘의 모험은 성공!

메이플 컴퓨팅 사고력

엘리베이터가 고장 났을 경우 어떻게 대처하는지 순서를 확인하고 빈칸에 맞게 **스티커를 붙여보세요.**

엘리베이터가 "쿵" 하고 멈췄어요.

울지말고 엘리베이터에 있는 비상벨을 눌러요.

엘리베이터에 갇혔다고 알리고 도와달라고 해요.

만약 대답을 하지 않으면 119에 신고를 해요.

뛰거나 문을 억지로 열지 말고 구조 대원이 올 때까지 기다려요.

다친 곳이 있으면 소방관에게 말씀드리고 고맙다고 인사를 해요.

01 귀신의 집으로 가는 로프를 추가하자!

1 헬로메이플에 로그인하고 [만들기]-[새로 만들기]를 클릭해요.

2 [파일]-[컴퓨터에서 불러오기]를 클릭한 다음 [불러올 파일]-[CHAPTER 09] 폴더에 있는 [9차시 놀이공원.mod] 파일을 선택하고 [열기]를 클릭해요.

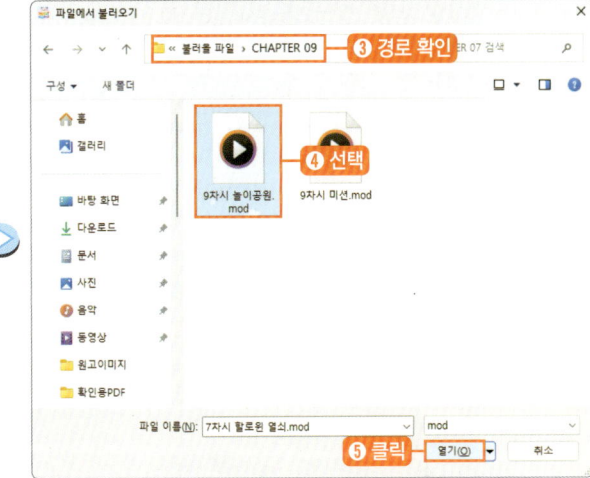

3 월드의 이름은 '9차시 놀이공원'으로 저장해요.

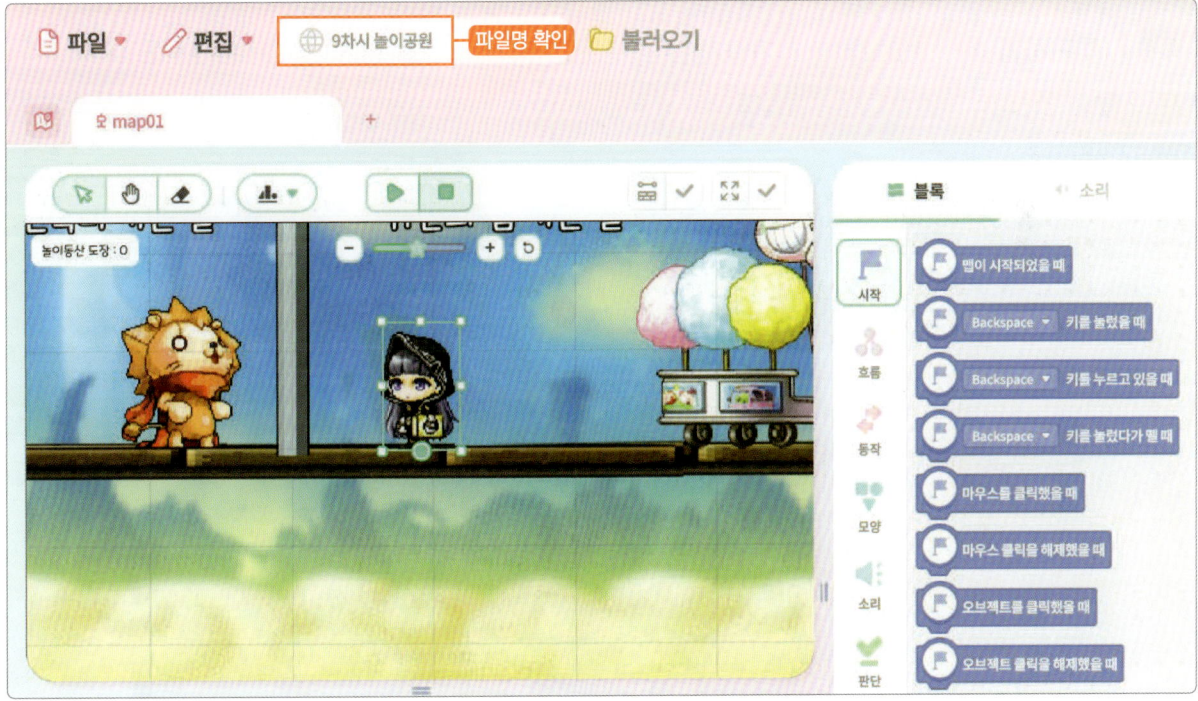

CHAPTER 09 신나는 놀이기구를 타고 도장을 모아보자!

4 실행 화면에서 [축소(-)]를 클릭해서 화면의 크기를 줄이고, [화면 이동 커서(🖐)]를 클릭해서 그림과 같이 화면의 위치를 변경해요.

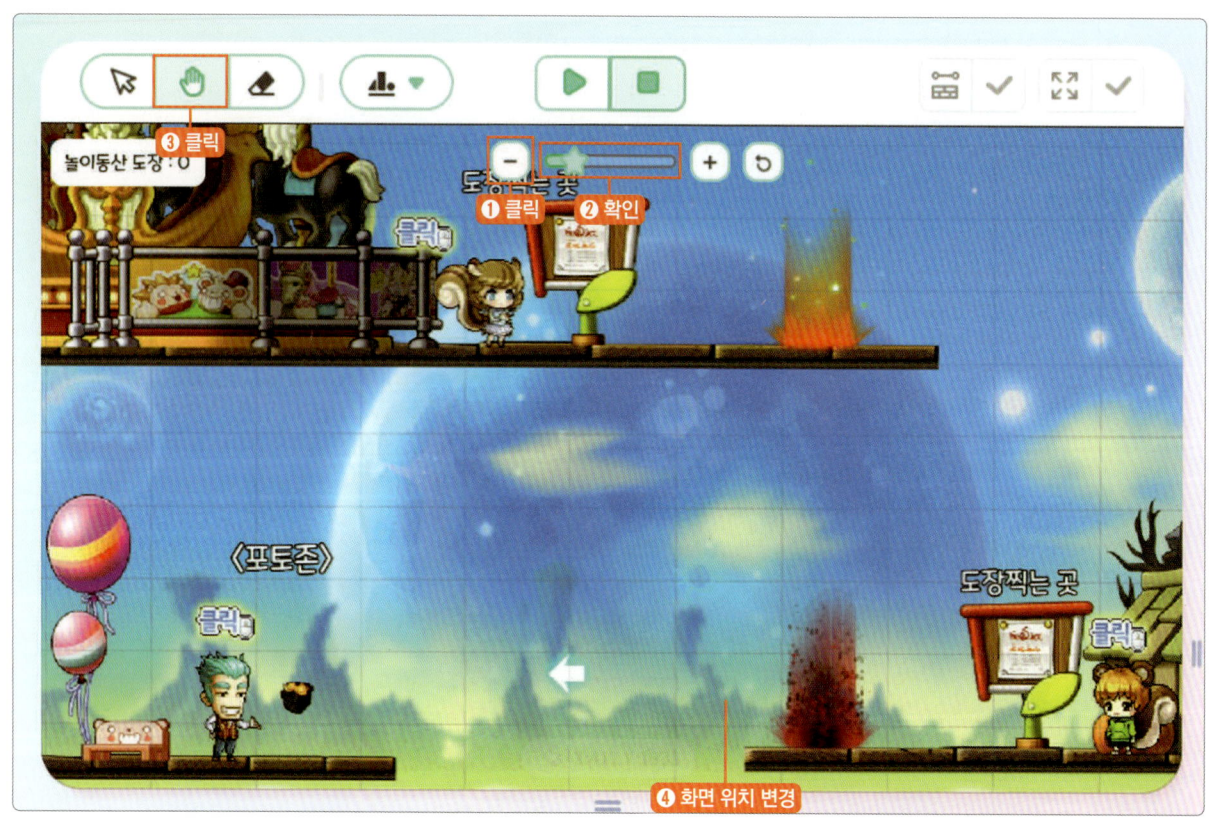

5 [추가하기(+)]-[오브젝트 추가하기]를 클릭하고 [공간]-[기타 로프1]을 클릭해요.

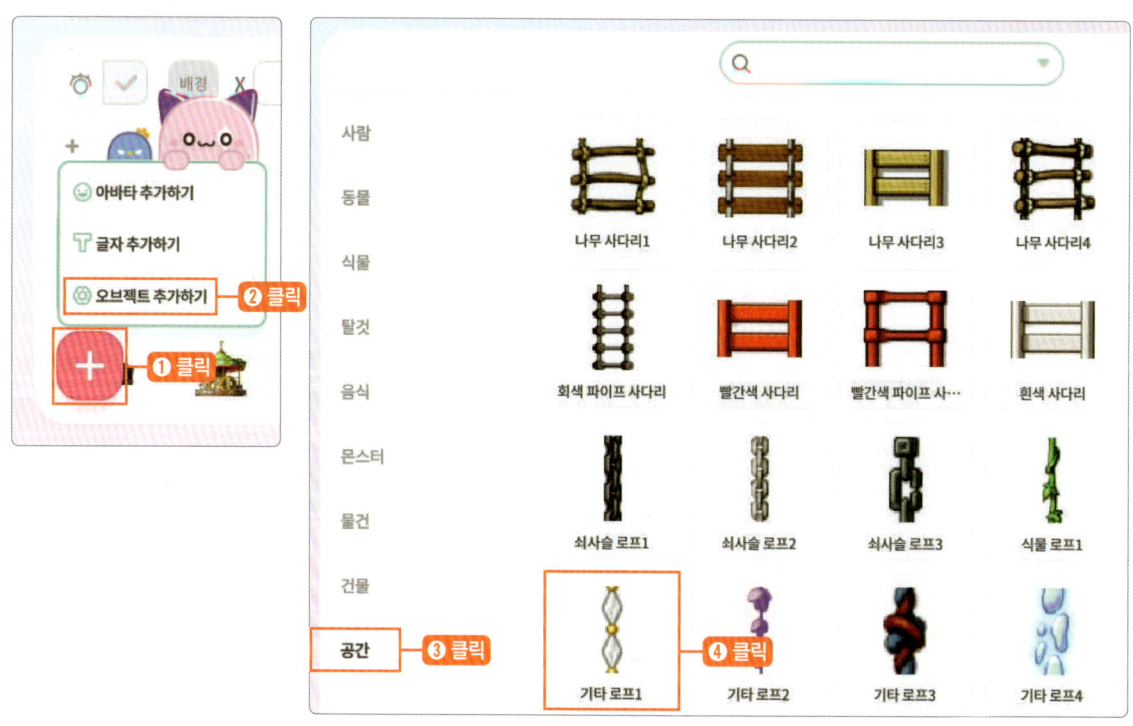

6 [기본 커서( )]로 변경한 다음 그림과 같이 로프를 설치해요.

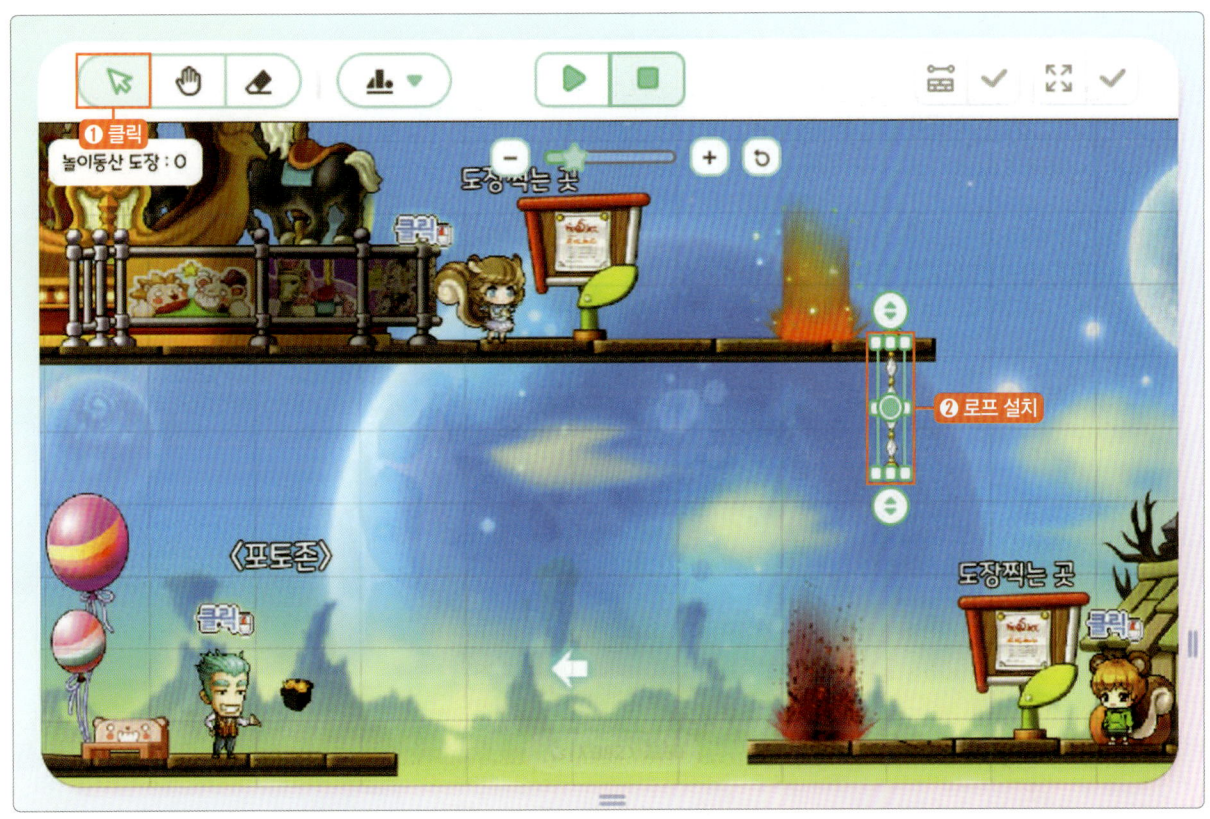

7 로프의 길이를 조절하기 위해 [길이 조절( )]을 클릭하고 아래로 드래그해요.

02 포토존으로 가는 발판을 추가하자!

1 [추가하기(+)]-[오브젝트 추가하기]를 클릭하고 [공간]-[돌 발판6]을 클릭해요.

2 [돌 발판6] 오브젝트를 클릭하고 오브젝트 모음 공간에서 위치를 설정해요.

※ 첫 번째 돌 발판 : X: -750, Y: 1800, 두 번째 돌 발판 : X: -500, Y: 1800

3 [시작하기(▶)]를 클릭하고 회전목마 타러 가는 길을 찾아 포탈로 이동해요. 이어서, 회전목마 앞에서 찍은 다음 도장을 찍고 로프를 타고 귀신의 집 앞에서 도장을 찍어요.

4 2개의 도장을 다 찍었다면 포토존으로 가서 미션 성공 선물을 받아요!

5 [멈추기(■)]를 클릭한 다음 [파일] 메뉴의 [월드 저장하기]를 클릭해요.

※ 월드 저장하기 단축키 : Ctrl + S

CHAPTER 09

헬로메이플에서 미션 성공하기!

▸ 불러올 파일 : 9차시 미션.mod   ▸ 완성된 파일 : 9차시 미션(완성).mod

💡 초록 버섯의 생일 파티 초대장을 배달해 주세요!

미션 1 새로운 월드를 만들고 [9차시 미션.mod] 파일을 불러온 다음 월드의 이름은 [9차시 미션]으로 저장해요.

미션 2 [추가하기()]-[오브젝트 추가하기]를 클릭하고 [공간]-[나무 사다리2]를 추가해요. 이어서, [나무 사다리2]의 위치와 길이를 그림과 같이 설정해요.

미션 3 [추가하기()]-[오브젝트 추가하기]를 클릭하고 [공간]-[돌 계단3]을 추가해요. 이어서, 돌 계단3의 위치는 X: 420, Y: 20으로 설정하고 크기는 가로와 세로 모두 60%로 설정해요.

미션 4 [시작하기(▶)]를 클릭하고 초록 버섯의 초대장을 버섯 마을 친구들에게 전달해 주세요. (초대장 줍기 : Z)

나무 사다리2   돌 계단3

CHAPTER 09 신나는 놀이기구를 타고 도장을 모아보자! • 055

CHAPTER 10
닥터 토이의 연구를 도와주자!

📂 불러올 파일 : 10차시 장난감 마을.mod   📂 완성된 파일 : 10차시 장난감 마을(완성).mod

학습목표
- 문제에 대한 답을 입력하고 연구 재료를 얻어보자.
- 연구 재료를 닥터 토이에게 전달하여 미션을 완료하자.

헬로메이플 왕국 이야기

오늘은 헬로메이플 왕국의 장난감 마을에 왔어요! 이 마을에는 발명가이자 마법사인 닥터 토이가 살고 있답니다.

그런데 오늘따라 닥터 토이가 무척 바빠 보여요!

"새로운 마법 포션을 만들어야하는데 재료가 부족해.. 첫 번째 마법 재료는 포션 가게에서 구매할 수 있고 두 번째 마법 재료는 미용실에서 구할 수 있어! 나 대신 마법 재료를 구해줘 부탁할게!"

닥터 토이를 대신해서 마법 재료를 구하러 가볼까요?

메이플 컴퓨팅 사고력

엘리베이터 사용 순서를 확인하고 빈칸에 맞게 스티커를 붙여보세요.

[ ]

→ 호출 단추를 눌러 엘리베이터를 불러요.

 ← 엘리베이터가 도착하고 문이 열리면 천천히 안전하게 탑승해요.

[ ]

→ 가고자 하는 층수의 단추를 눌러요.

 ← 엘리베이터가 움직이는 동안에는 뛰거나 장난치지 않아요.

 ← 엘리베이터가 멈추고 문이 열리면 천천히 안전하게 내려요.

01 포션 가게로 가는 발판을 추가하자!

1 헬로메이플에 로그인하고 [만들기]-[새로 만들기]를 클릭해요.

2 [파일]-[컴퓨터에서 불러오기]를 클릭한 다음 [불러올 파일]-[CHAPTER 10] 폴더에 있는 [10차시 장난감 마을.mod] 파일을 선택하고 [열기]를 클릭해요.

 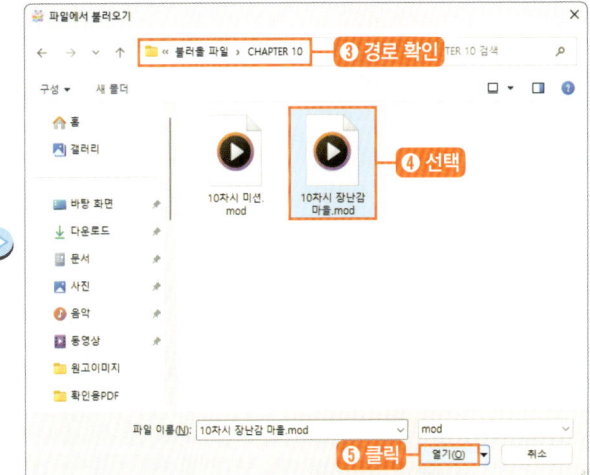

3 월드의 이름은 '10차시 장난감 마을'로 저장해요.

CHAPTER 10 닥터 토이의 연구를 도와주자! • **057**

4 실행 화면에서 [축소(-)]를 클릭해서 화면의 크기를 줄이고, [화면 이동 커서(🖐)]를 클릭해서 그림과 같이 화면의 위치를 변경해요.

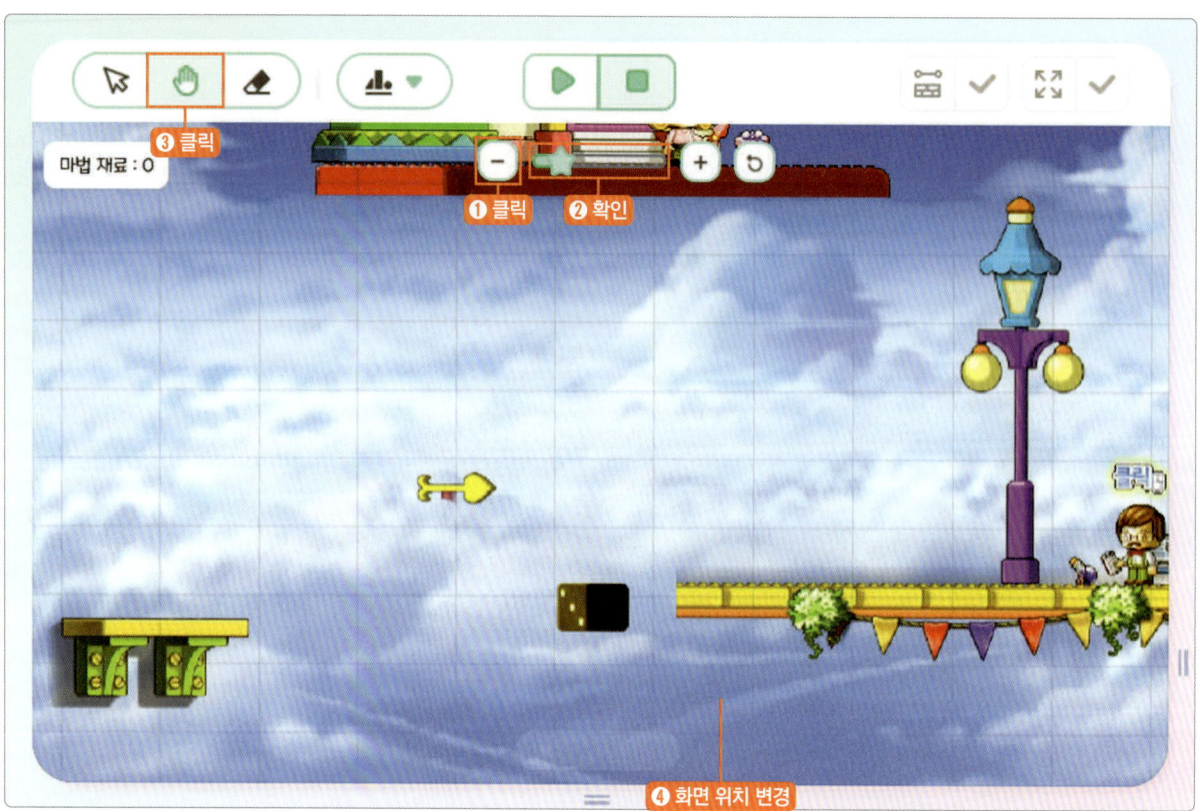

5 [추가하기(+)]-[오브젝트 추가하기]를 클릭하고 [공간]-[주사위 발판2]를 클릭해요.

6 [기본 커서(▣)]로 변경한 다음 [주사위 발판2]를 클릭하고 오브젝트 모음 공간에서 위치를 설정해요.

※ 첫 번째 주사위 발판 : X: –660, Y: 580, 두 번째 주사위 발판 : X: –430, Y: 610

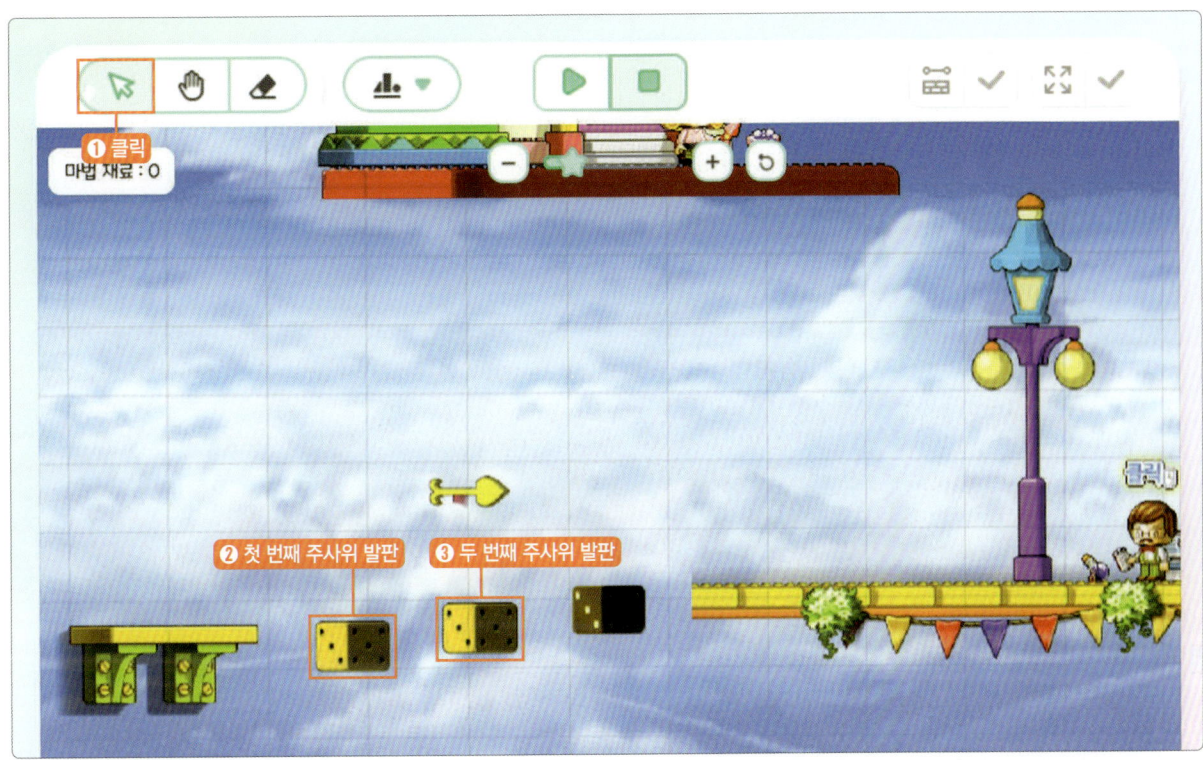

02 미용실로 가는 사다리를 추가하자!

1 [추가하기()]-[오브젝트 추가하기]를 클릭하고 [공간]-[빨간색 파이프 사다리]를 클릭해요.

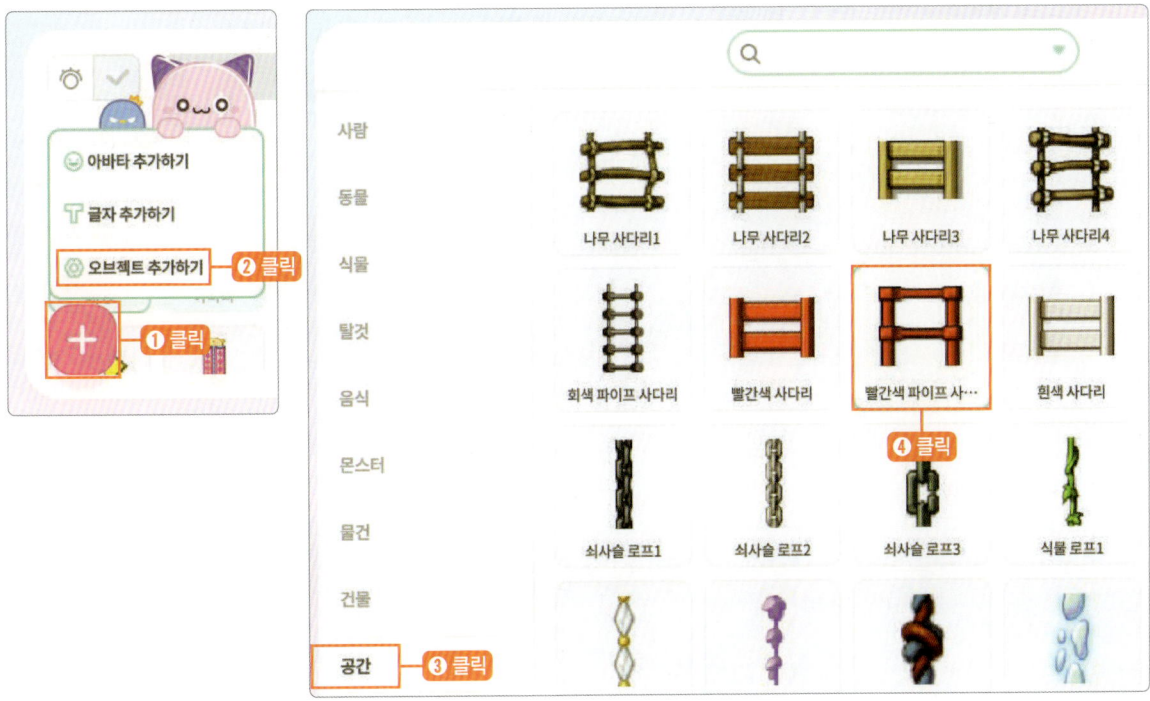

CHAPTER 10 닥터 토이의 연구를 도와주자! • **059**

2 ▶ 그림과 같이 미용실과 포션 가게를 연결하도록 사다리를 설치해요. 이어서, 사다리의 길이를 조절해요.

3 ▶ [시작하기(▶)]를 클릭하고 조심조심 떨어지지 않도록 발판과 사다리를 이용해서 포션 가게와 미용실에서 마법 재료를 구해주세요!

4 ▶ [멈추기(■)]를 클릭한 다음 [파일] 메뉴의 [월드 저장하기]를 클릭해요.

※ 월드 저장하기 단축키 : Ctrl + S

CHAPTER 10

헬로메이플에서 미션 성공하기!

▶ 불러올 파일 : 10차시 미션.mod   ▶ 완성된 파일 : 10차시 미션(완성).mod

💡 꽃의 마을에서는 꽃 축제를 준비 중이에요! 주민들에게 반짝이 재료를 받아주세요!

미션 1 새로운 월드를 만들고 [10차시 미션.mod] 파일을 불러온 다음 월드의 이름은 [10차시 미션]으로 저장해요.

미션 2 [추가하기(＋)]-[오브젝트 추가하기]를 클릭하고 [공간]-[기타 로프2]를 추가해요. 이어서, [기타 로프2]의 위치와 길이를 그림과 같이 설정해요.

미션 3 [추가하기(＋)]-[오브젝트 추가하기]를 클릭하고 [공간]-[풀 발판6]을 추가해요. 이어서, 풀 발판6의 첫 번째 위치는 X: −360, Y: 580으로 설정하고 두 번째 위치는 X: 230, Y: 435로 설정해요.

미션 4 [시작하기(▶)]를 클릭하고 마을 주민들에게 반짝이 재료를 받아주세요.

기타 로프2

풀 발판6

① 기타 로프2
② 첫 번째 풀 발판
③ 두 번째 풀 발판

CHAPTER 10 닥터 토이의 연구를 도와주자! • 061

CHAPTER 11
잃어버린 인형을 찾아 공장에 전달하자!

▶ 불러올 파일 : 11차시 인형 공장.mod ▶ 완성된 파일 : 11차시 인형 공장(완성).mod

학습목표
- 발판과 사다리를 추가하자.
- 인형을 주워서 각 장난감 공장에 전달하자.

헬로메이플 왕국 이야기

오늘은 헬로메이플 장난감 공장에 도착했어요~
그런데 공장 안이 어딘가 어수선한 분위기예요...

공장장님이 고민에 빠진 것 같아요..

"지금 장난감 공장에서 인형이 하나씩 사라졌다네..
오리 인형과 곰 인형, 판다 인형 하나씩 찾아서 각 공장에
전달해줄 수 있겠나? 부탁하네.."

장난감 공장을 돌아다니면서 사라진 인형을 찾아
각 공장에 전달해야겠어요!

메이플 컴퓨팅 사고력

개구리 성장 과정 순서를 확인하고 빈칸에 맞게 스티커를 붙여보세요.

- 개구리가 알을 낳아요.
- 알에서 올챙이가 나와요.
- 올챙이의 다리가 생겼어요.
- 올챙이의 꼬리가 없어져요.
- 올챙이가 개구리가 되었어요.

잃어버린 인형을 찾으러 가는 발판을 추가하자!

1 헬로메이플에 로그인하고 [만들기]-[새로 만들기]를 클릭해요.

2 [파일]-[컴퓨터에서 불러오기]를 클릭한 다음 [불러올 파일]-[CHAPTER 11] 폴더에 있는 [11차시 인형 공장.mod] 파일을 선택하고 [열기]를 클릭해요.

 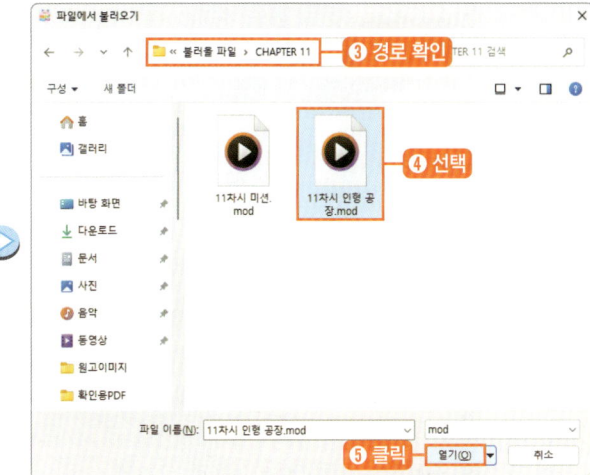

3 월드의 이름은 '11차시 인형 공장'으로 저장해요.

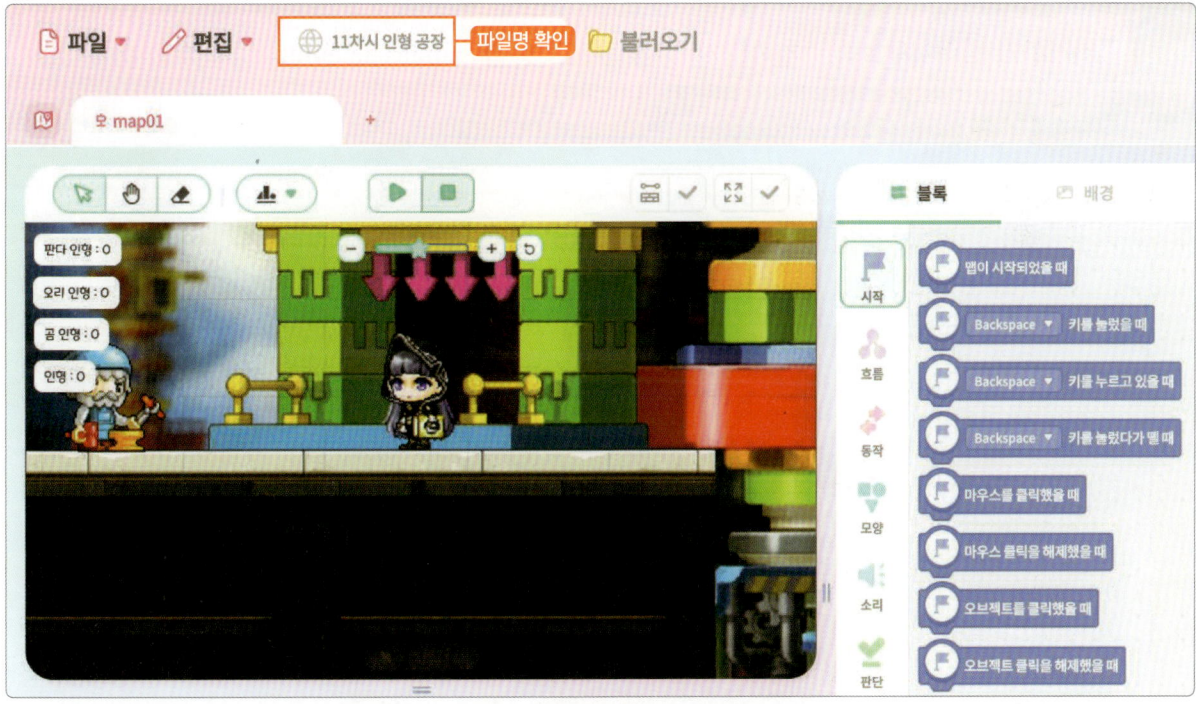

CHAPTER 11 잃어버린 인형을 찾아 공장에 전달하자! • **063**

4 ▶ 실행 화면에서 [축소(-)]를 클릭해서 화면의 크기를 줄이고, [화면 이동 커서(✋)]를 클릭해서 그림과 같이 화면의 위치를 변경해요.

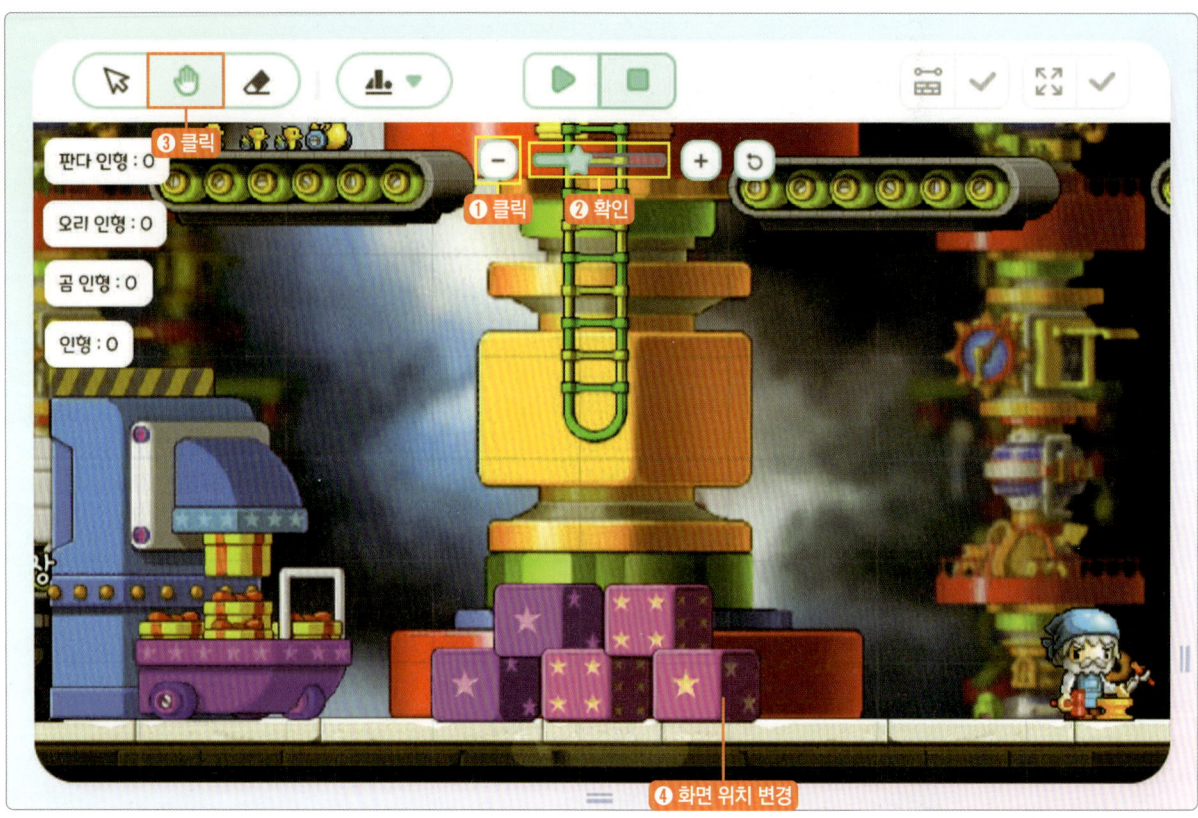

5 ▶ [추가하기(+)]-[오브젝트 추가하기]를 클릭하고 [공간]-[주사위 발판2]를 클릭해요.

6 [기본 커서(▶)]로 변경한 다음 [주사위 발판2]를 클릭하고 오브젝트 모음 공간에서 위치를 설정해요.

※ 주사위 발판 : X: 830, Y: 190

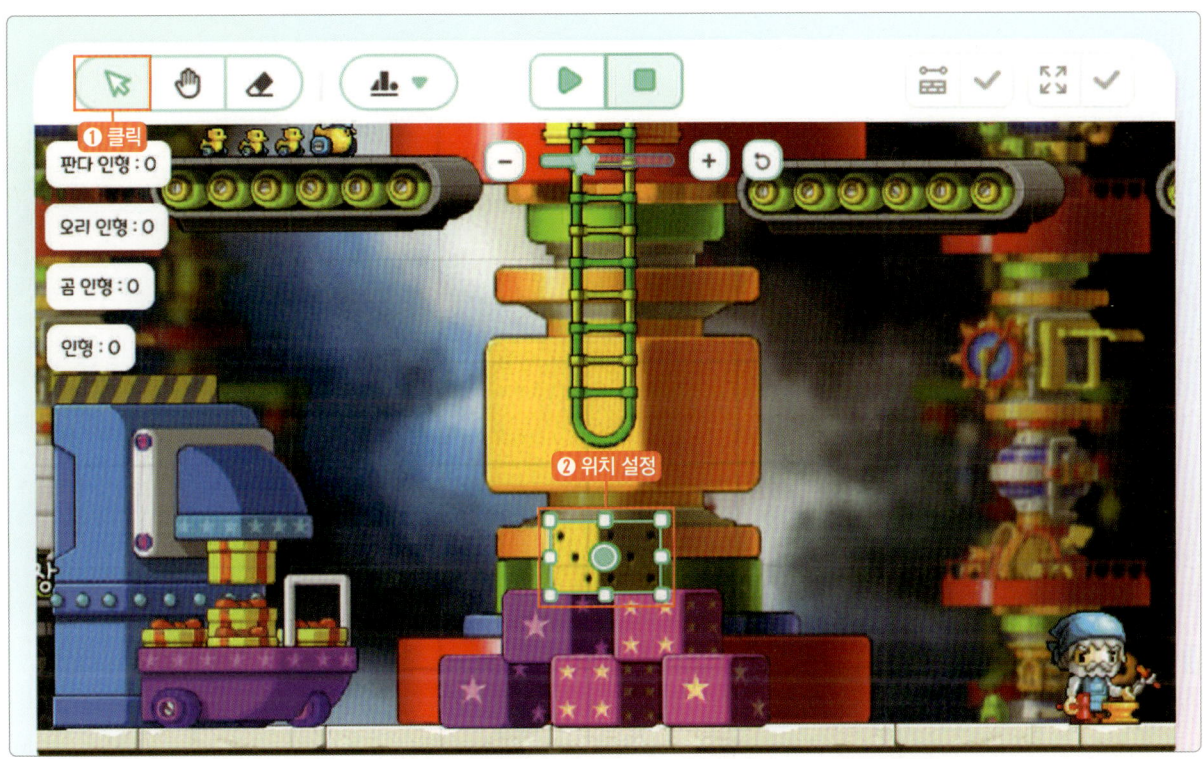

02 위로 올라가는 길을 알려주는 화살표를 추가하자!

1 [추가하기(➕)]-[오브젝트 추가하기]를 클릭하고 [공간]-[화살표7]을 클릭해요.

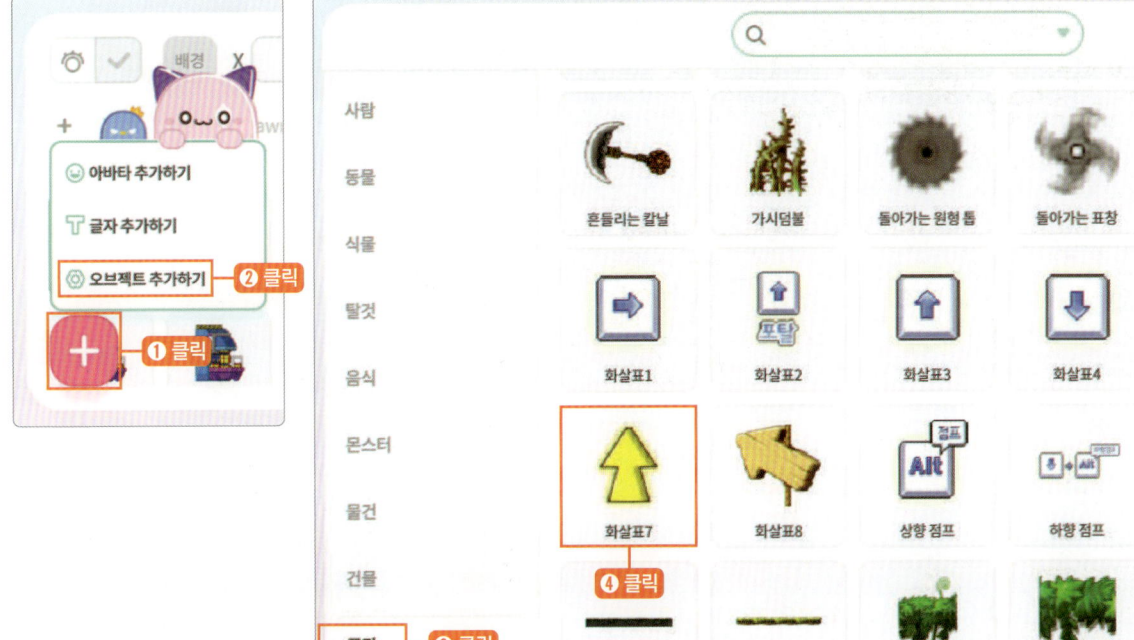

2 [화살표7]을 클릭하고 오브젝트 모음 공간에서 위치를 설정해요.
  ※ 화살표7 : X: 960, Y: 360

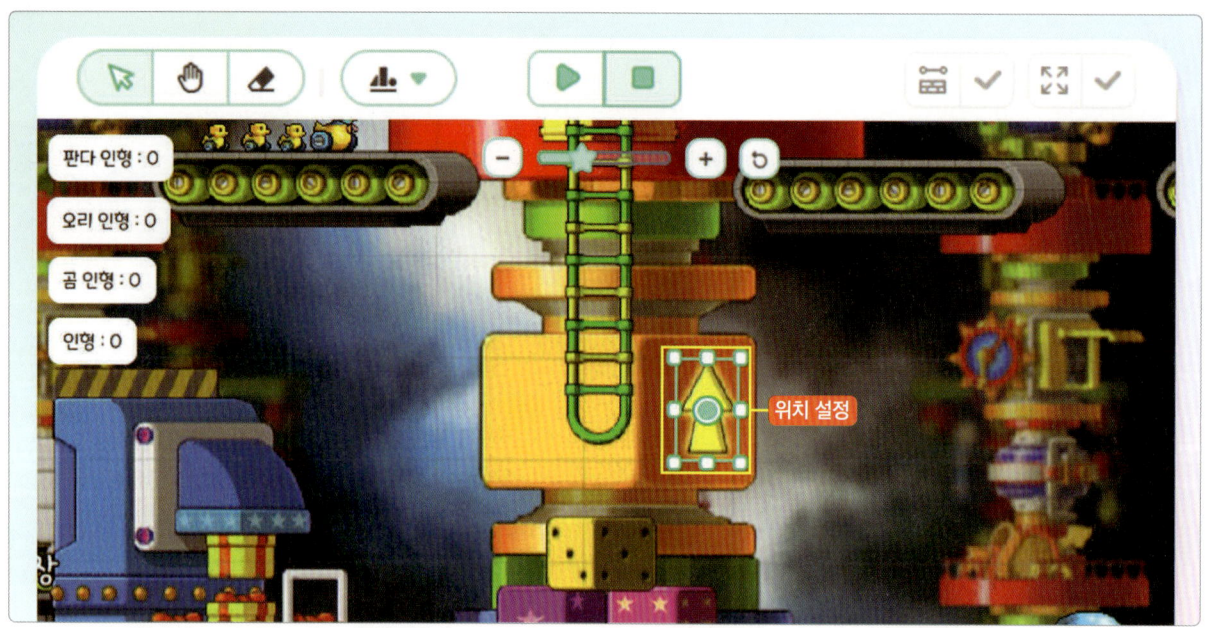

3 [시작하기(▶)]를 클릭하고 오리를 찾아보세요! Ctrl 키를 누르면 오리 인형으로 모습이 바뀌고 Z 키를 눌러서 인형을 주운 다음 오리 인형 공장에 가져다주세요.
  ※ 같은 방법으로 곰 인형과 판다 인형도 주워서 각 공장에 가져다주세요.

오리 인형 찾기	공격하기 : Ctrl 키 누르기	인형 줍기 : Z 키 누르기

4 [멈추기(■)]를 클릭한 다음 [파일] 메뉴의 [월드 저장하기]를 클릭해요.
  ※ 월드 저장하기 단축키 : Ctrl + S

CHAPTER 11
헬로메이플에서 미션 성공하기!

▌불러올 파일 : 11차시 미션.mod   ◀ 완성된 파일 : 11차시 미션(완성).mod

💡 아기 새들이 배가 고파서 울고 있어요.. 음식 재료를 모아 요리사에게 전달해 주세요!

미션 1 새로운 월드를 만들고 [11차시 미션.mod] 파일을 불러온 다음 월드의 이름은 [11차시 미션]으로 저장해요.

미션 2 [추가하기()]-[오브젝트 추가하기]를 클릭하고 [공간]-[풀 발판6]을 추가해요. 이어서, 풀 발판6의 위치는 X: -720, Y: 1040으로 설정해요.

미션 3 [추가하기()]-[오브젝트 추가하기]를 클릭하고 [공간]-[화살표8]을 추가해요. 이어서, 화살표8의 위치는 X: -650, Y: 1130으로 설정해요.

미션 4 [시작하기()]를 클릭하고 재료 리스트에 적힌 재료를 모두 찾아서 마우스로 클릭한 다음 요리사를 클릭하면 맛있는 음식을 만들어줄거에요. 음식을 클릭하고 배고픈 아기 새들에게 주세요!

풀 발판6

화살표8

CHAPTER 11 잃어버린 인형을 찾아 공장에 전달하자! • **067**

CHAPTER 12 코딩 모험 중간 체크포인트!

📄 불러올 파일 : 12차시 바나나.mod   📄 완성된 파일 : 12차시 바나나(완성).mod

미션 1 [불러올 파일]-[CHAPTER 12] 폴더에 있는 [12차시 바나나.mod] 파일을 선택하고 월드의 이름은 [12차시 미션]으로 저장해요.

미션 2 실행 화면에서 화면의 크기를 줄이고, 그림과 같이 화면의 위치를 변경해요.

❶ 화면 크기 조절
❷ 화면 위치 변경

미션 3 [오브젝트 추가하기]-[공간]을 클릭하고 [나무 사다리1]과 [식물 로프1]을 추가해요.

❶ 나무 사다리1
❷ 식물 로프1

나무 사다리1   식물 로프1

 미션 4 [오브젝트 추가하기]-[공간]을 클릭하고 [풀 발판6]과 [화살표7]을 추가해요.

※ 첫 번째 풀 발판6의 위치 : X: 825, Y: 680, 두 번째 풀 발판6의 위치 : X: 1020, Y: 790
※ 화살표7의 위치 : X: 1100, Y: 1050

풀 발판6   화살표7

 **미션 5** [시작하기(▶)]를 클릭해서 바나나를 모아 정글에서 탈출하세요!

CHAPTER 12 코딩 모험 중간 체크포인트!

CHAPTER 13 돌의 정령에게 가는 길!

🚩 불러올 파일 : 13차시 요정마을.mod　🚩 완성된 파일 : 13차시 요정마을(완성).mod

학습목표
- 나비를 클릭하여 사라지게 만드는 코드를 배우자.
- 나비에 닿지 않도록 조심조심 돌의 정령을 만나보자.

헬로메이플 왕국 이야기

요정 마을의 깊은 숲 속, 소년은 돌의 정령에게 아주 중요한 내용을 전달해야 해요.

하지만... 정령이 있는 곳으로 가는 길에 마법 나비 무리가 날아들어 길을 가로막고 있어요!

이 나비들은 요정 마을의 수호 마법이지만, 정령의 길이 열리기 위해서는 이 나비들을 모두 없애야 해요.

나비를 클릭해서 하나씩 없애며 길을 열어주세요. 모든 나비가 사라진 후, 정령에게 무사히 도착해 중요한 내용을 전하면, 요정 마을은 다시 평화를 되찾을 거예요!

메이플 컴퓨팅 사고력

올바른 마스크 사용하는 순서를 확인하고 빈칸에 맞게 스티커를 붙여보세요.

손을 깨끗이 씻어요.

입과 코를 완전히 가리도록 마스크를 써요.

얼굴과 마스크 사이에 틈이 없는지 확인해요.

마스크 착용 중에는 마스크를 만지지 않도록 주의해요.

만약 만졌을 경우에는 손을 깨끗이 씻어요.

만약 마스크 착용으로 이상반응이 발생할 경우 잠시 휴식을 취해요.

01 알록달록 나비를 추가하자!

1 헬로메이플에서 [13차시 요정마을.mod] 파일을 불러온 후, 월드 이름을 '13차시 요정마을'로 저장해요.

2 실행 화면에서 [축소(-)]를 클릭해서 화면의 크기를 줄이고, [화면 이동 커서]를 클릭해서 그림과 같이 화면의 위치를 변경해요.

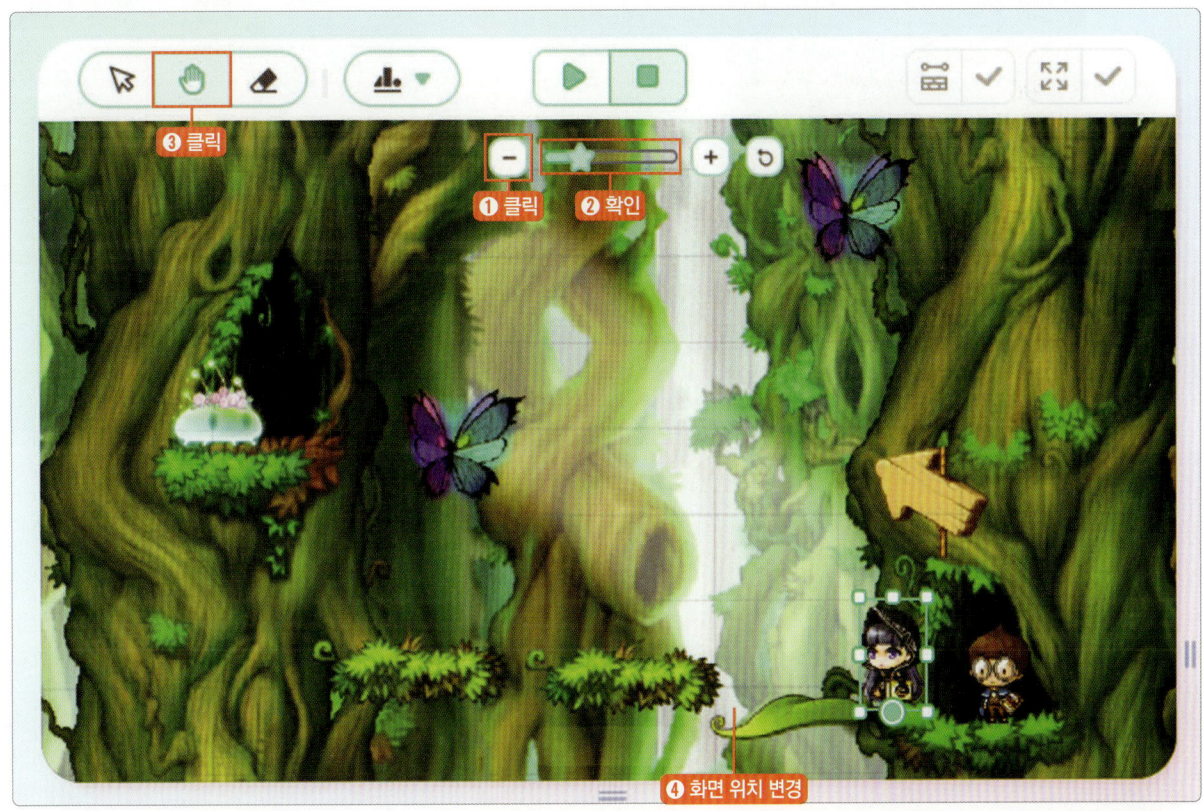

CHAPTER 13 돌의 정령에게 가는 길! • **071**

3 [추가하기(+)]-[오브젝트 추가하기]를 클릭하고 [동물]-[나비]를 클릭해요.

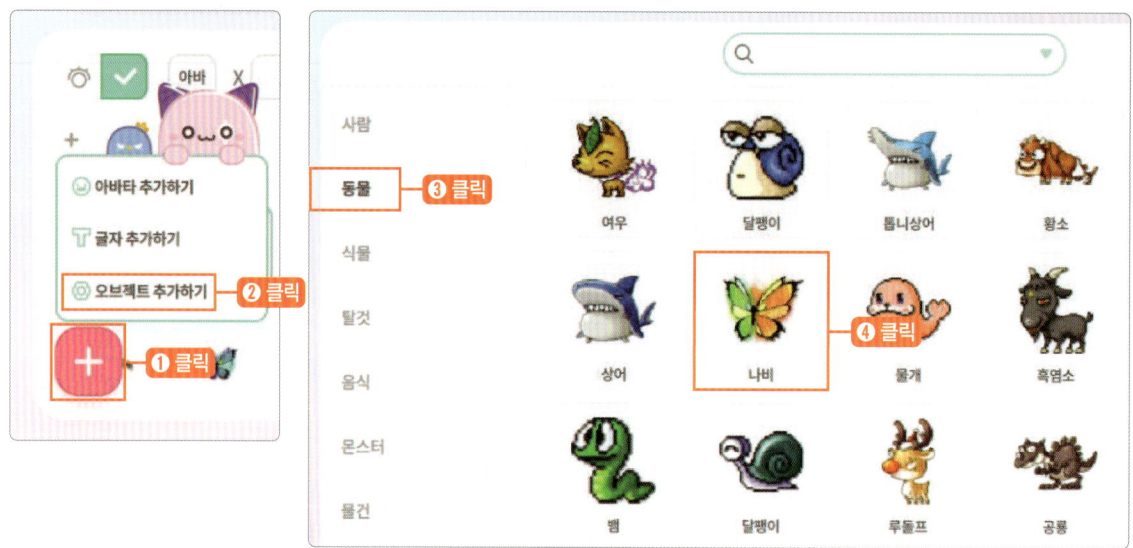

4 [기본 커서( )]로 변경한 다음 그림과 같이 위치(X:-30, Y:560)와 크기(80%)으로 설정해요.

 **나비를 클릭하면 사라지도록 코드를 조립하자!**

1 [나비]를 선택하고 [시작]- `오브젝트를 클릭했을 때` 블록을 드래그해서 블록 조립소에 추가해요.

여기서 잠깐!
오브젝트를 추가한 다음 오브젝트 대화상자의 닫기(✕)를 클릭하면 [블록] 탭을 볼 수 있어요.

2 [모양]- `모양 숨기기` 블록을 드래그한 다음 연결해요.

※ '나비' 오브젝트를 클릭했을 때 나비가 사라지도록 만든 코드에요.

CHAPTER 13 돌의 정령에게 가는 길! • **073**

03 나비 오브젝트를 복제하자!

1 [나비]를 클릭하고 마우스 오른쪽 단추를 눌러요. 이어서, [복제하기]를 두 번 클릭해서 총 3마리의 나비로 복제해요.

※ 코드를 먼저 조립한 후, [복제하기]를 클릭하면 복제된 오브젝트에도 코드가 조립되어 있어요.

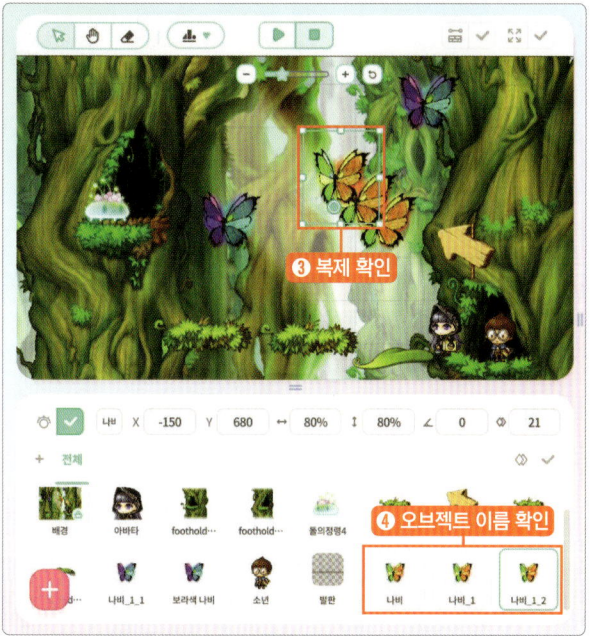

2 복제된 나비의 위치를 다음과 같이 변경해요.

나비_1_2 : X: -600, Y: 950   나비_1 : X: -230, Y: 780

3 [시작하기(▶)]를 클릭하고 나비를 클릭해서 모두 없앤 후, 길을 건너 돌의 정령에게 가보세요.

※ 주의! 보라색 나비에 닿으면 처음부터 다시 시작해요.

CHAPTER 13 헬로메이플에서 미션 성공하기!

🔺 불러올 파일 : 13차시 미션.mod   🔺 완성된 파일 : 13차시 미션(완성).mod

💡 어두운 동굴에 들어왔더니 박쥐가 잔뜩 있어요.. 길을 건너기 위해 박쥐를 없애주세요!

미션 1 [불러올 파일]-[CHAPTER 13]-[13차시 미션.mod] 파일을 선택하고 월드의 이름은 [13차시 미션]으로 저장해요.

미션 2 [추가하기()]-[오브젝트 추가하기]를 클릭하고 [동물]-[박쥐]를 추가해요.

미션 3 [블록] 탭에서 박쥐를 클릭했을 때 모양이 사라지도록 코드를 조립해요.

미션 4 [박쥐]를 4번 복제해서 그림과 같이 위치를 변경해요.

미션 4 [시작하기()]를 클릭하고 박쥐 5마리를 없앤 다음 조심히 길을 건너요.

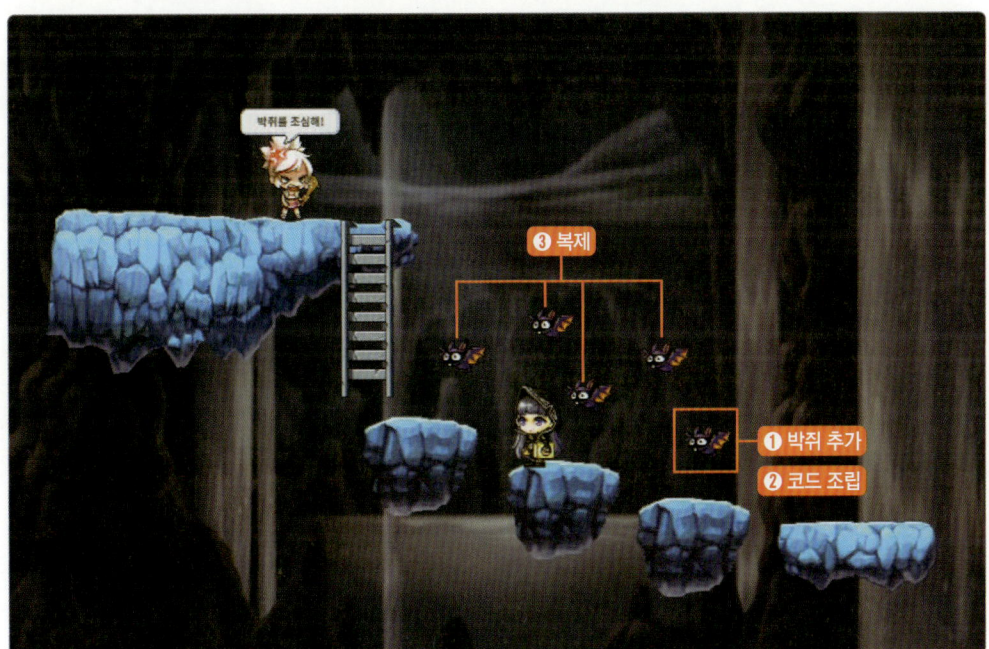

CHAPTER 13 돌의 정령에게 가는 길!

CHAPTER 14 요정 마을 속 슬라임을 조사하자!

🚩 불러올 파일 : 14차시 슬라임 조사.mod   🚩 완성된 파일 : 14차시 슬라임 조사(완성).mod

학습목표
- 소년 루이를 클릭했을 때 대사가 나오도록 코딩하자.
- 대화에 따라 캐릭터의 모습이 바뀌도록 코딩하자.

헬로메이플 왕국 이야기

요정 마을 외곽, 반짝이는 들판 너머에는 요즘 정체불명의 슬라임들이 나타나고 있어요!
이 이상한 슬라임들을 조사하기 위해, 소년 루이가 출동했어요!

루이는 슬라임을 조사하고 있는 것 같아요.
루이에게 말을 걸어 슬라임 조사 상황을 듣고 슬라임을 직접 조사해요.

조사가 끝난 다음 루이에게 말을 걸어주세요.

메이플 컴퓨팅 사고력

자동차가 다니는 길 옆 인도에서는 어떻게 걸어 다녀야 하는지 순서를 확인하고 빈칸에 맞게 **스티커를 붙여보세요.**

찻 길 옆 인도에서는 뛰지 말고 걸어 다녀요.

친구와 장난을 치면서 찻 길 쪽으로 넘어가지 않아요.

찻 길 쪽으로 가면 사고가 날 수 있어요.

횡단보도를 건너기 전 신호를 확인해요.

횡단보도 녹색 신호가 켜지면 좌우를 확인 후, 절대 뛰지 말고 걸어가요.

01 소년 오브젝트를 추가해보자!

1 헬로메이플에서 [14차시 슬라임 조사.mod] 파일을 불러온 후, 월드 이름을 '14차시 슬라임 조사'로 저장해요.

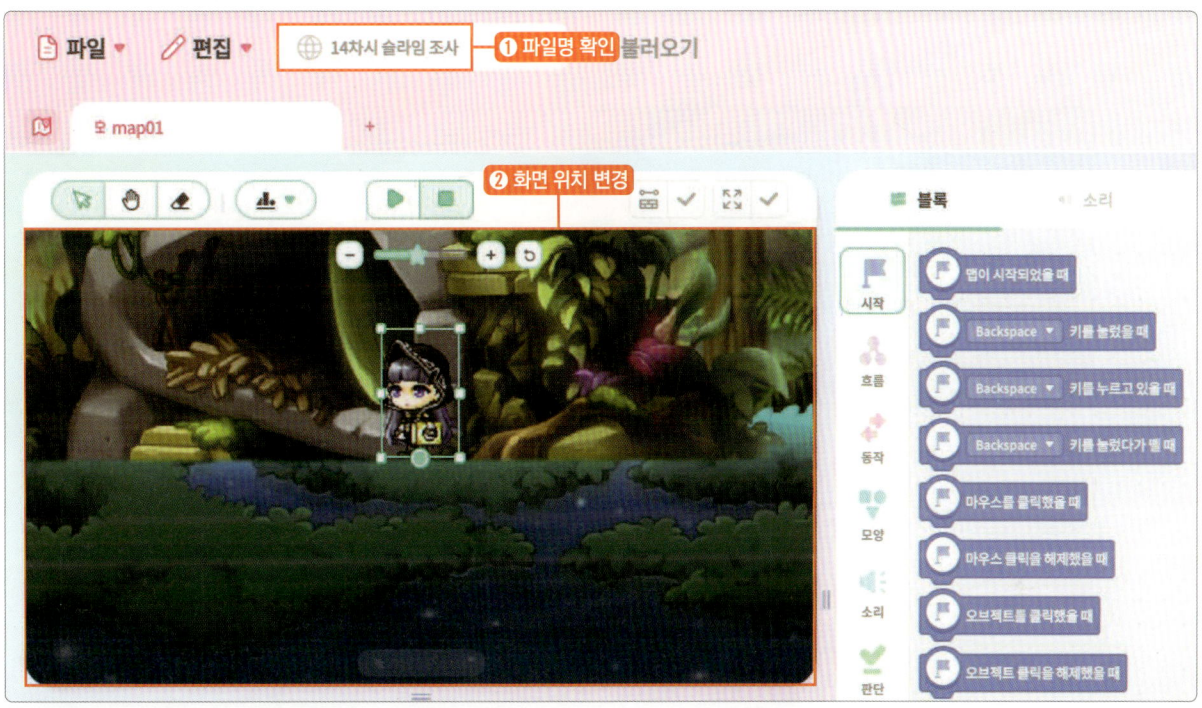

2 [추가하기(＋)]-[오브젝트 추가하기]를 클릭하고 [사람]-[소년]을 추가해요. 이어서, 소년의 위치 (X: 1070, Y: -90)를 설정해요.

CHAPTER 14 입학식으로 가는 비밀 포탈을 열어보자! • **077**

02 슬라임을 조사 중인 소년과 대화하자!

1 [소년]을 클릭하고 [모양] 탭을 클릭하면 여러 가지 모양을 확인할 수 있어요.

※ [모양] 탭에는 아바타의 여러 모양을 확인할 수 있고, 색상과 반전도 사용할 수 있어요.

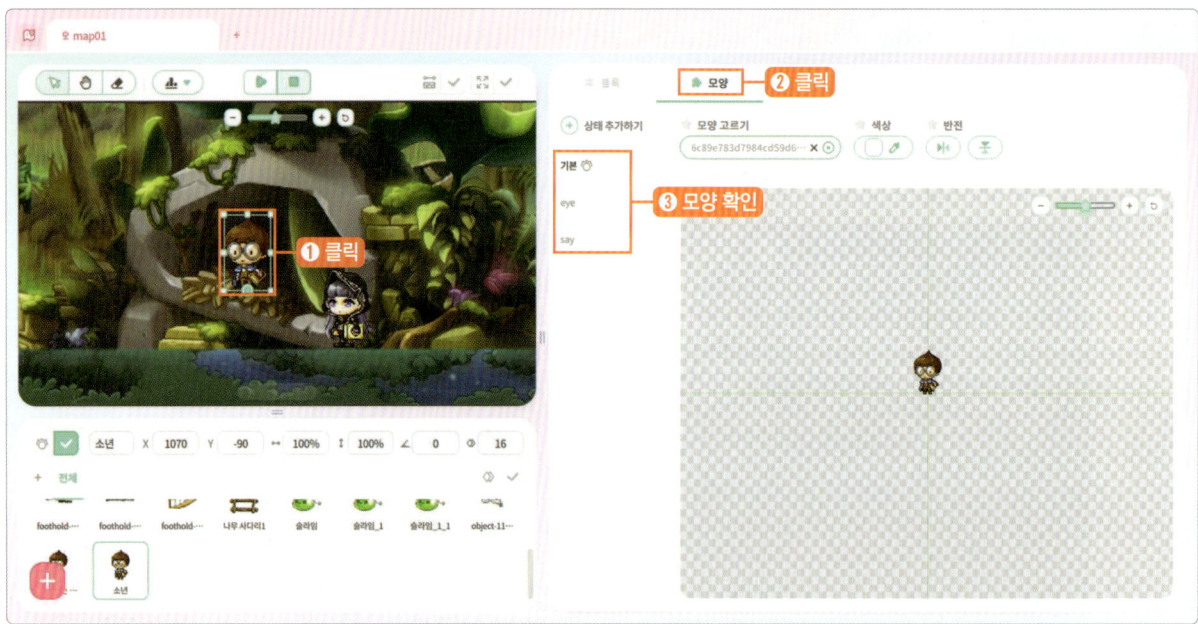

2 [블록] 탭을 클릭하고 [시작]- `오브젝트를 클릭했을 때` 블록과 [모양]- `좌우 오브젝트 뒤집기` 블록과 `기본 ▼ 모양으로 변경한다` 블록을 다음과 같이 연결해요.

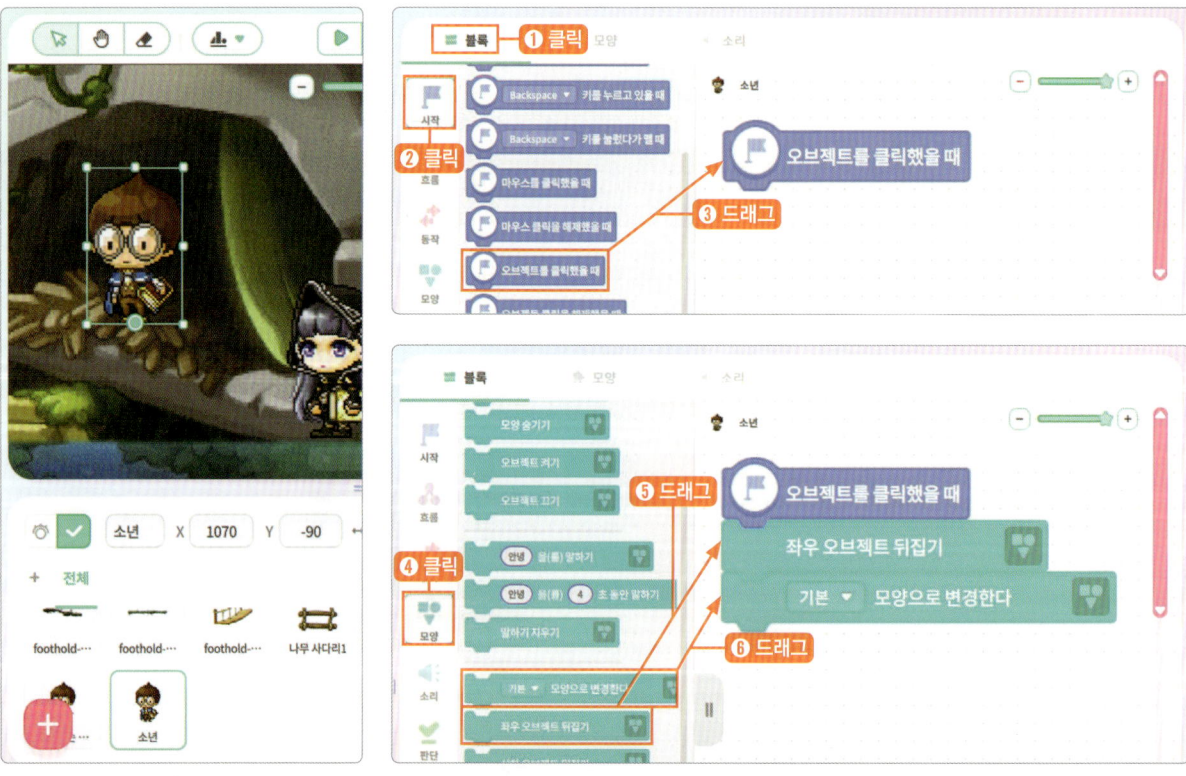

078 • 탐험대원 모집, 탐험의 시작! **메이플 탐험대**

3 `기본 ▼ 모양으로 변경한다` 블록의 목록 단추(▼)를 눌러서 [say]를 선택해요.

※ '소년' 오브젝트를 클릭했을 때 아바타 쪽을 바라보며 'say'(말하는) 모양으로 변경해요.

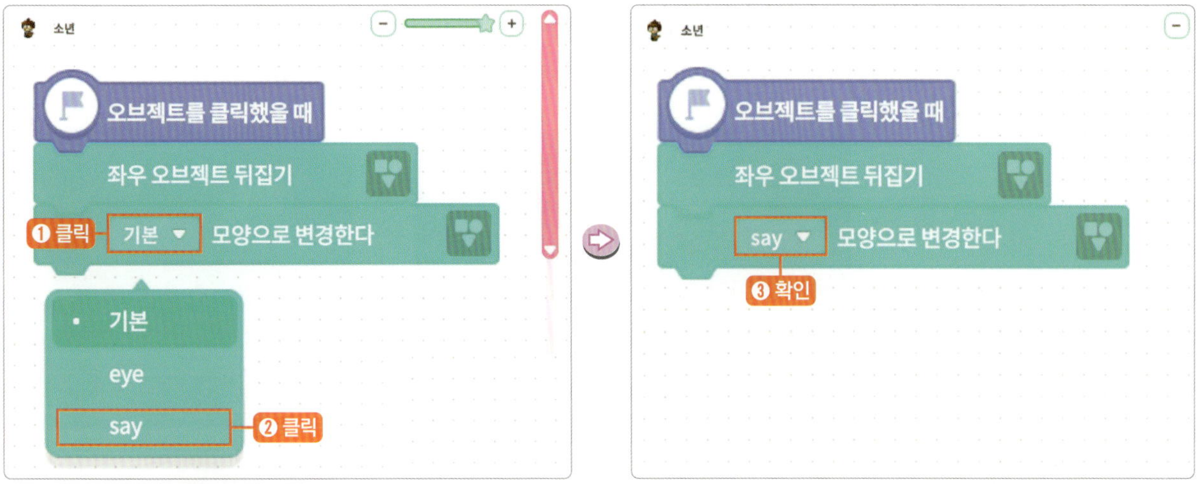

헬로메이플 TiP!

| 맵이 시작되었을 때 : 기본 모양 | 오브젝트를 클릭했을 때 : say 모양 |

4 [모양]-`안녕 을(를) 4 초 동안 말하기` 블록을 연결하고 내용을 그림과 같이 수정해요.

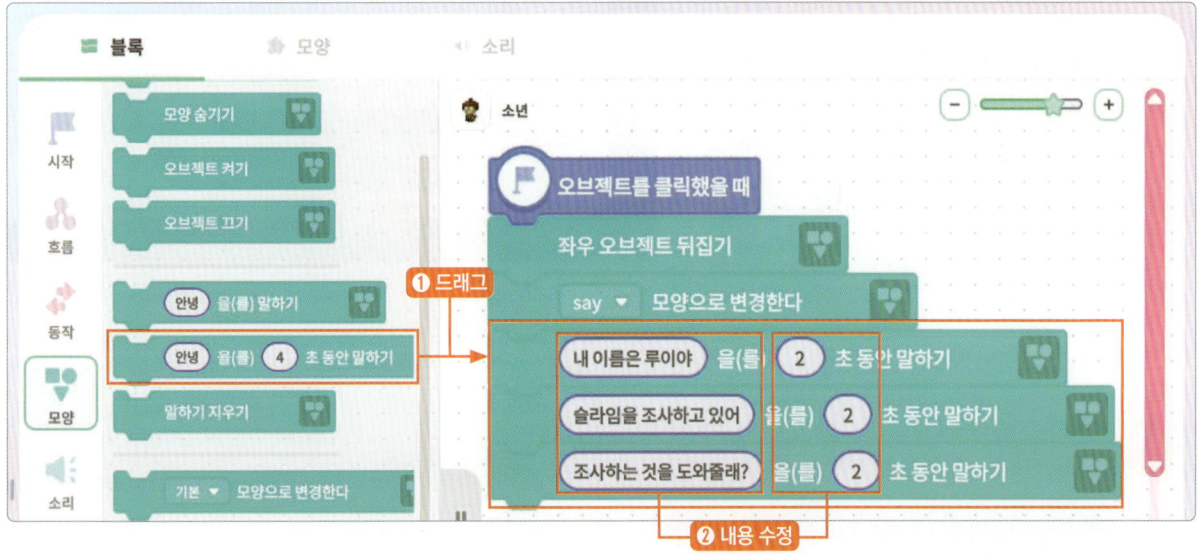

CHAPTER 14 입학식으로 가는 비밀 포탈을 열어보자!

슬라임 조사 결과를 전달하자!

1 [시작하기(▶)]를 클릭한 다음 [소년]과 대화해요. 이어서, 슬라임을 조사한 다음 [조사하는 소년]을 찾아 클릭해요.

2 슬라임 관련 2가지 질문에 대한 정답을 입력해 주세요.

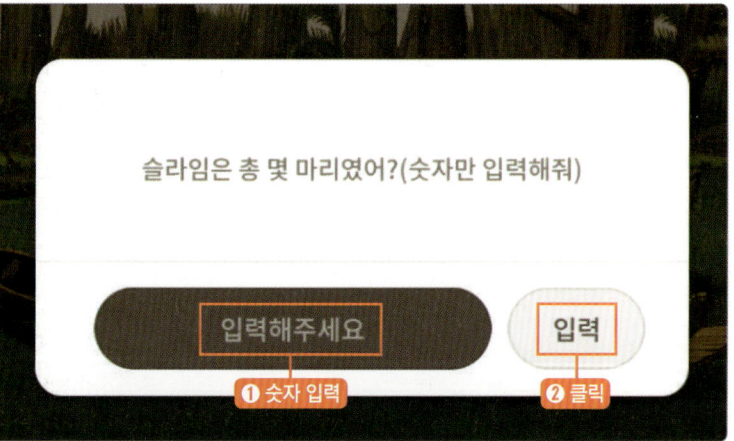
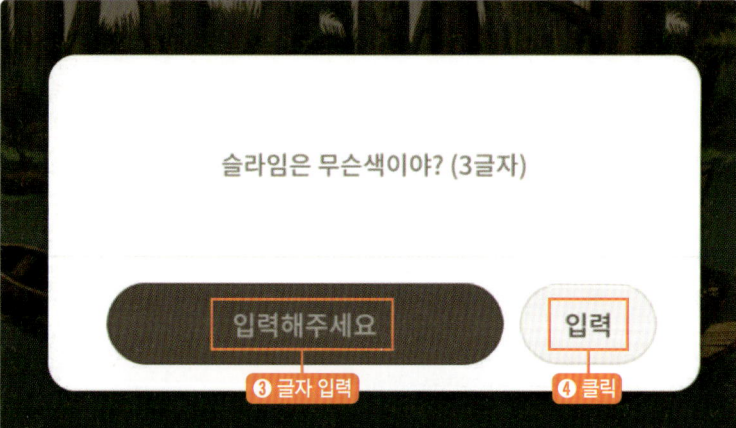

CHAPTER 14

헬로메이플에서 미션 성공하기!

▸ 불러올 파일 : 14차시 미션.mod　　▸ 완성된 파일 : 14차시 미션(완성).mod

💡 어두운 동굴에 무서운 동물이 살고 있다고 해요! 어떤 동물인지 조사해 볼까요?

미션 1 [불러올 파일]-[CHAPTER 14]-[14차시 미션.mod] 파일을 선택하고 월드의 이름은 [14차시 미션]으로 저장해요.

미션 2 맵을 시작했을 때 [공사] 오브젝트가 아바타를 바라보고 대화를 하다가 '방향'을 바꿔서 '이동' 모양으로 변경될 수 있도록 [모양]에서 알맞은 코드를 추가해요.

미션 3 조사가 완료된 후, [조사 중인 공사] 오브젝트를 클릭해서 조사 결과를 알려주세요.

오브젝트	맵 시작하기 전	맵이 시작되었을 때
 공사		

힌트

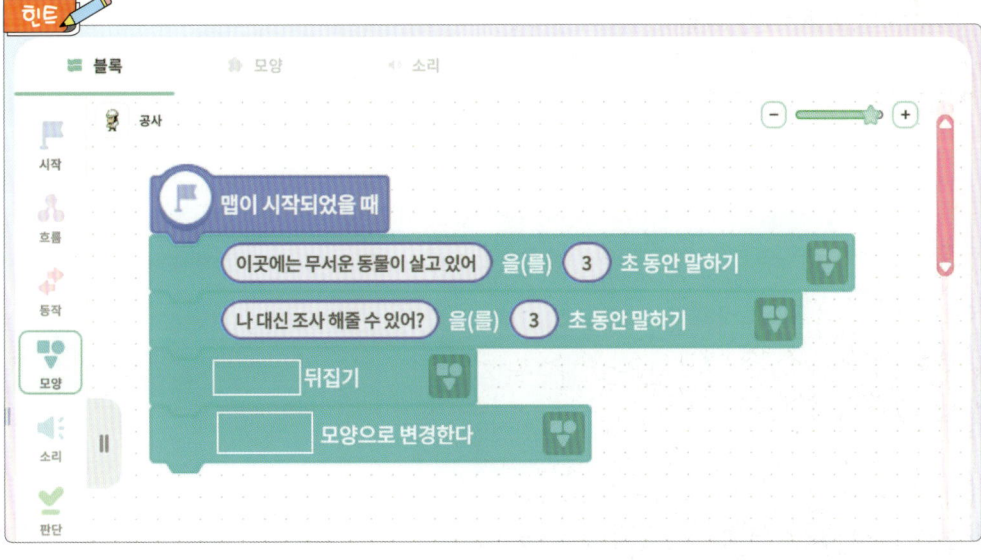

CHAPTER 14 입학식으로 가는 비밀 포탈을 열어보자!

CHAPTER 15
빨간 용의 습격! 요정 남매를 도와주자!

▶ 불러올 파일 : 15차시 몬스터.mod   ▶ 완성된 파일 : 15차시 몬스터(완성).mod

학습목표
◆ 용을 추가하고 용의 모습을 확인하자.
◆ 공격 키를 눌렀을 때 용의 동작과 모습이 바뀌도록 코딩하자.

헬로메이플 왕국 이야기

요정 마을에 갑자기 빨간 용이 나타났어요! 무서운 포효와 함께 마을 근처를 날아다니며 불을 내뿜고 있어요!

동생 피오 요정은 너무 무서워서 울음을 터뜨렸고, 누나 루나 요정은 울면서 도움을 요청해요.
"도와주세요!! 빨간 용 때문에 동생이 무서워하고 있어요"

요정 남매를 도와 빨간 용의 공격을 막아주세요.

메이플 컴퓨팅 사고력

횡단보도 건너기 순서를 확인하고 빈칸에 맞게 스티커를 붙여보세요.

- 횡단보도 앞 오른쪽에 우선 멈춰요.
- 횡단보도 신호등이 녹색 신호인지 확인해요.
- 차가 오는지 좌우, 다시 좌를 살펴요.
- 운전자를 보며 왼손을 45도로 들어요.
- 자동차가 멈췄는지 확인해요.
- 운전자와 눈을 맞추고 횡단보도를 건너요.
- 중앙선을 넘으면 오른손으로 바꾸고 오른쪽 차를 보며 건너요.

01 무시무시한 몬스터를 추가하자!

1 헬로메이플에서 [15차시 몬스터.mod] 파일을 불러온 후, 월드 이름을 '15차시 몬스터'로 저장해요.

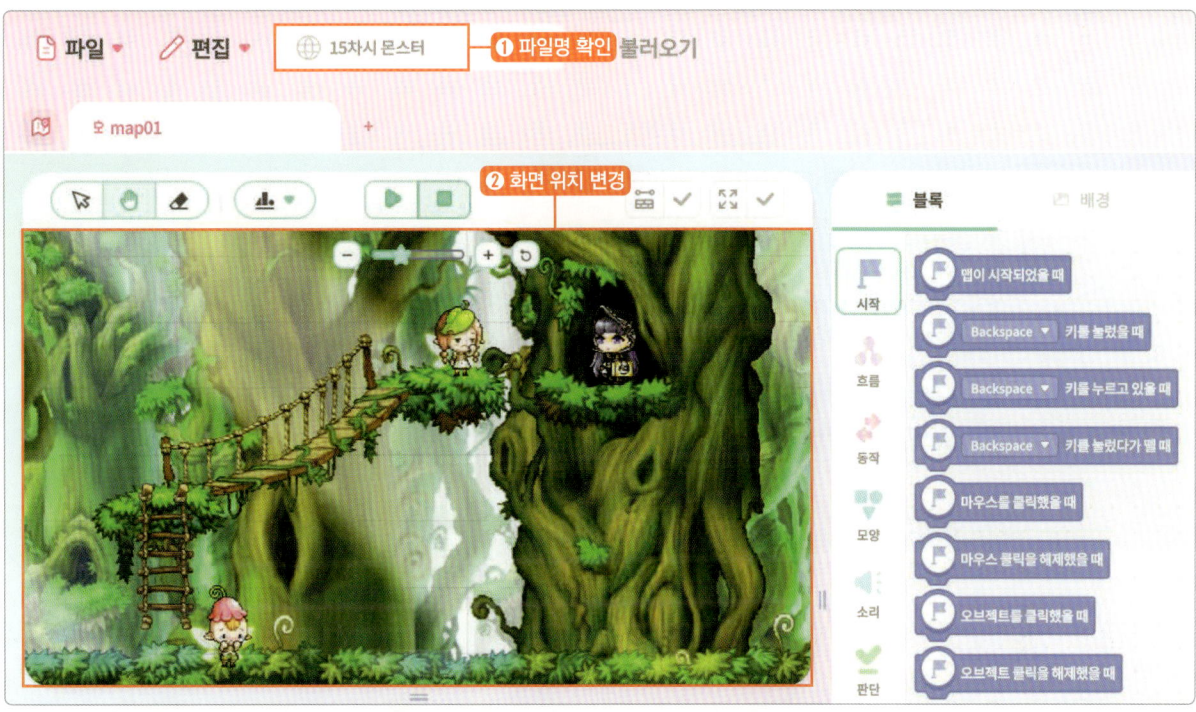

2 [추가하기(+)]-[오브젝트 추가하기]를 클릭하고 [몬스터]-[빨간 용]을 추가해요. 이어서, 빨간 용의 위치(X: -200, Y: 300)를 설정해요.

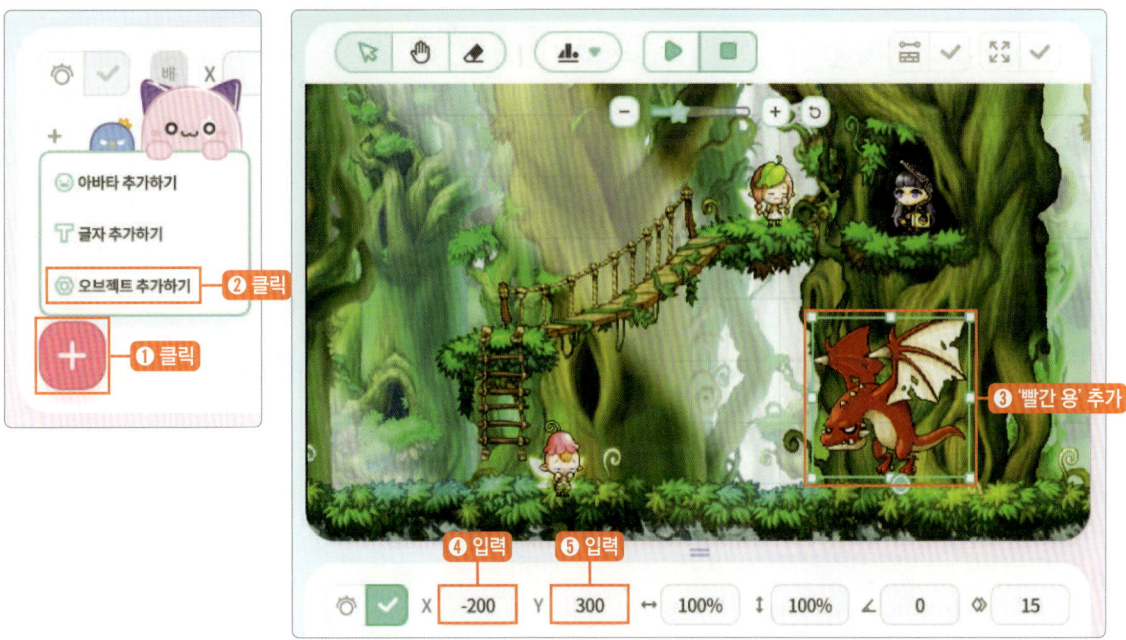

02 무시무시한 용의 모습을 바꿔보자!

1 [블록] 탭에서 [시작]- Backspace 키를 눌렀을 때 블록을 드래그하여 이동하고 목록 단추(▼)를 눌러 'A'로 변경해요.

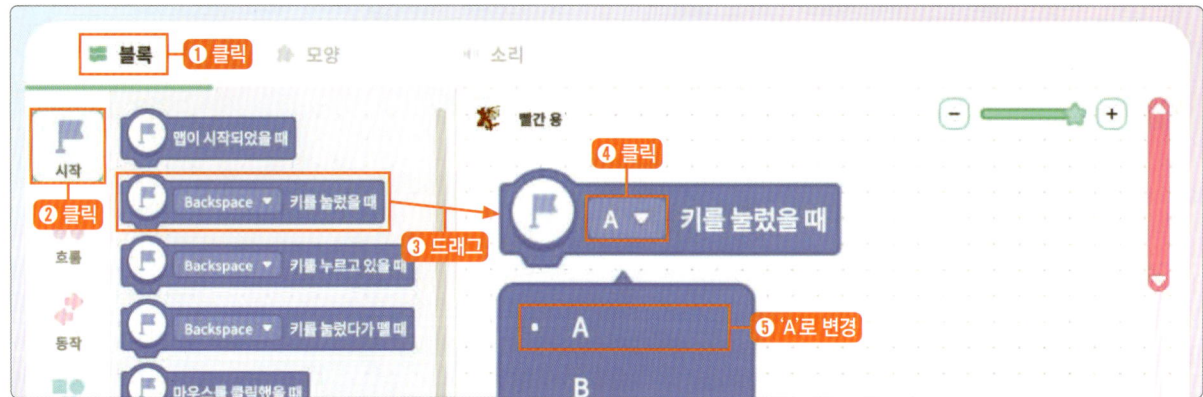

2 [모양]- 기본 ▼ 모양으로 변경한다 블록을 연결하고 목록 단추(▼)를 눌러서 [공격] 모양으로 변경해요.

※ 키보드의 Ⓐ 키를 눌렀을 때 용이 '공격' 모양으로 변경돼요.

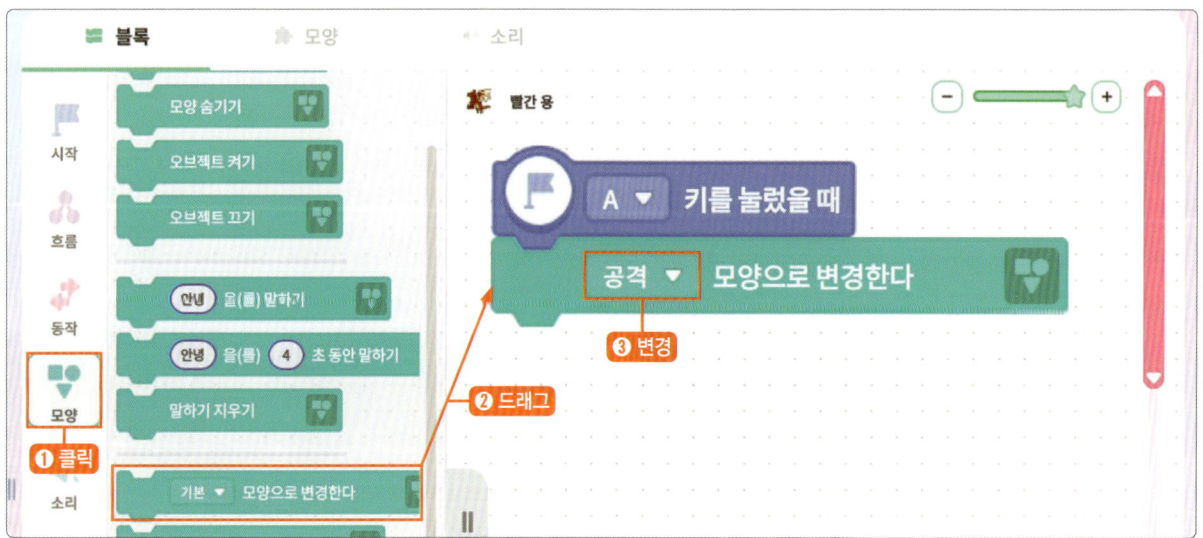

3 첫 번째 블록 코드에서 마우스 오른쪽 단추를 눌러 [여기부터 복제]를 클릭해요.

※ [여기부터 복제]를 클릭하면 코드가 바로 복사 후, 붙여넣기 돼요.

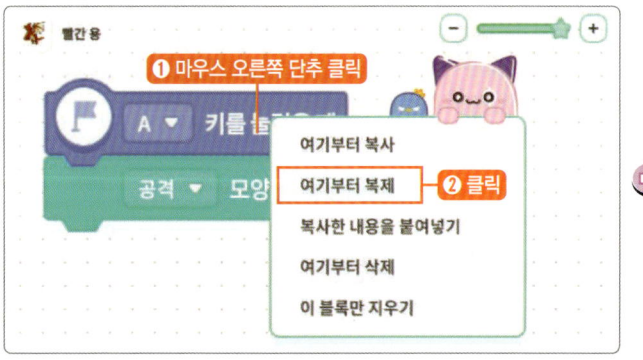 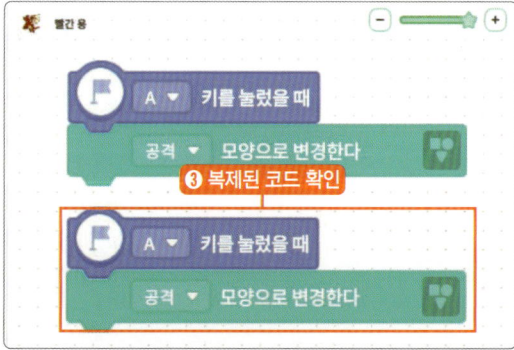

4 복제된 코드의 목록 단추를 눌러 [LeftControl] 키를 눌렀을 때와 [피격] 모양으로 변경해요.

※ [LeftControl]은 왼쪽에 있는 Ctrl 키를 말해요.
※ 키보드의 Ctrl 키를 눌렀을 때 용이 '피격' 모양으로 변경돼요.

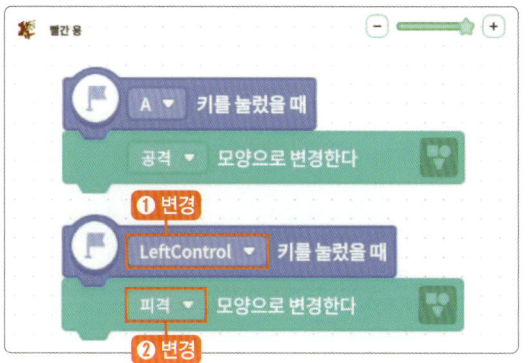

03 움직이며 공격하는 모습으로 만들어보자!

1 [동작]-  블록을 연결하고 다음과 같이 내용을 수정해요.

※ A 키를 눌렀을 때 다음 기능을 실행해요.
– 공격 모양으로 변경한 다음 2초 동안 빨간 용이 오른쪽으로 –500만큼 움직여요.

※ 블록과 헷갈리지 않도록 주의해요!

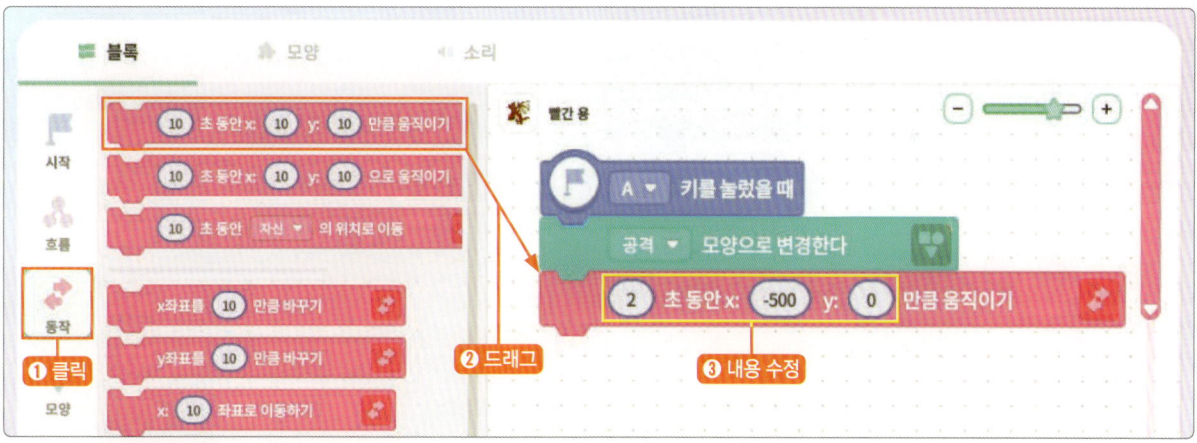

여기서 잠깐!

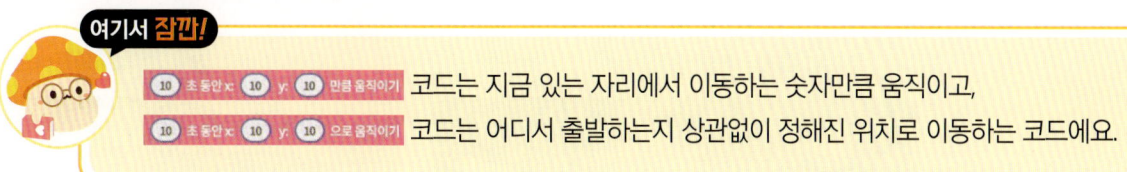

코드는 지금 있는 자리에서 이동하는 숫자만큼 움직이고,
코드는 어디서 출발하는지 상관없이 정해진 위치로 이동하는 코드에요.

2 [모양]- 좌우 오브젝트 뒤집기 블록을 연결하고 세 번째 블록 코드에서 마우스 오른쪽 단추를 눌러 [여기부터 복제]를 클릭해요. 이어서, 왼쪽으로 이동하도록 'x: 500'으로 변경해요.

※ A 키를 눌렀을 때 다음 기능을 실행해요.
– 공격 모양으로 변경하고 2초 동안 빨간 용이 오른쪽으로 –500만큼 움직인 다음 좌우로 오브젝트를 뒤집고 왼쪽으로 500만큼 움직인 다음 좌우로 오브젝트를 뒤집어요.

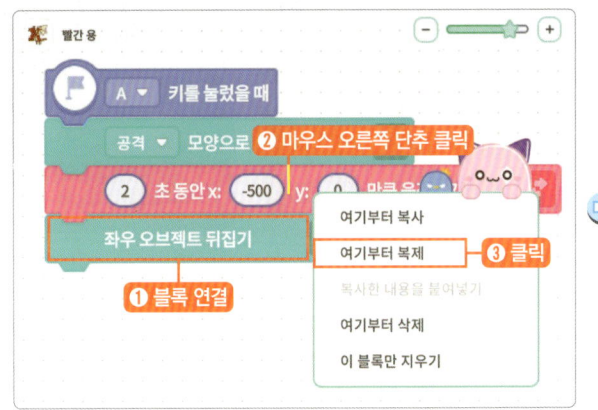 

3 [빨간 용]의 전체적인 코드를 확인해요.

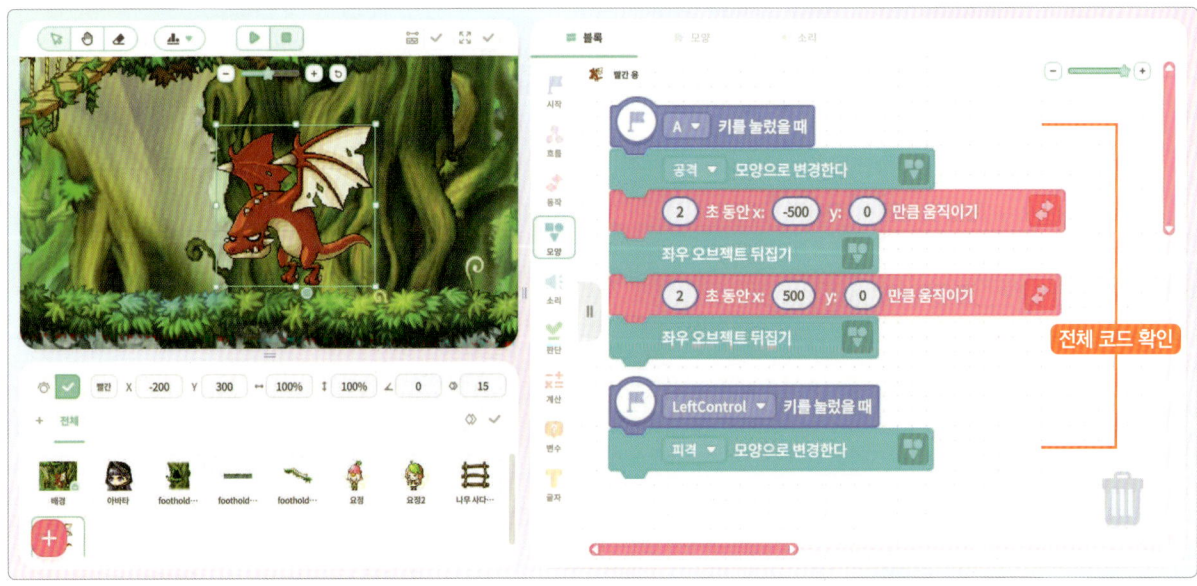

4 [시작하기(▶)]를 클릭한 다음 A 키와 Ctrl 키를 눌러서 용의 모양을 확인해요.

A 키를 눌렀을 때 – 공격 모양	Ctrl 키를 눌렀을 때 – 피격 모양

CHAPTER 15

헬로메이플에서 미션 성공하기!

▶ 불러올 파일 : 15차시 미션.mod　　▶ 완성된 파일 : 15차시 미션(완성).mod

💡 이번 미션은 귀중품을 지켜야하는 임무에요! 경비 로봇을 이용해서 안전하게 지켜주세요!

미션 1 [불러올 파일]-[CHAPTER 15]-[15차시 미션.mod] 파일을 선택하고 월드의 이름은 [15차시 미션]으로 저장해요.

미션 2 [경비 로봇]을 클릭하고 다음과 같이 코드를 수정해요.

① Ⓐ 키를 눌렀을 때 2초 동안 오른쪽(-500)과 왼쪽(500)으로 방향을 바꾸면서 이동해요.
② [LeftControl] 키를 눌렀을 때 '순찰 이상 없음!'을 '2'초 동안 말해요.

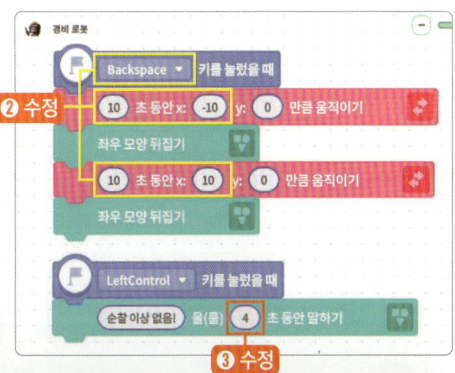

CHAPTER 15 빨간 용의 습격! 요정 남매를 도와주자! • **087**

CHAPTER 16 코딩 모험 중간 체크포인트!

▸ 불러올 파일 : 16차시 빙하마을.mod   ▸ 완성된 파일 : 16차시 빙하마을(완성).mod

미션 1 [불러올 파일]-[CHAPTER 16] 폴더에 있는 [16차시 빙하마을.mod] 파일을 선택하고 월드의 이름은 [16차시 미션]으로 저장해요.

미션 2 [눈사람]을 클릭하고 다음과 같이 코드를 수정해요.

- 오브젝트를 클릭했을 때 '이동' 모양으로 변경하고 3초 동안 **오른쪽(-800)**으로 움직인 다음 좌우 모양을 바꾼다. 이어서, **왼쪽(800)**으로 움직인 다음 좌우 모양을 바꾼다.
- Z 키를 눌렀을 때 '**순찰 완료!**'를 2초 동안 말하고 '**기본**' 모양으로 변경한다.

미션 3 [추가하기(+)]-[오브젝트 추가하기]를 클릭하고 아래 그림 위치로 이동 후 [음식]-[조각 케이크]를 추가해요. 이어서, 오브젝트를 클릭했을 때 모양이 숨겨지도록 코드를 추가해요.

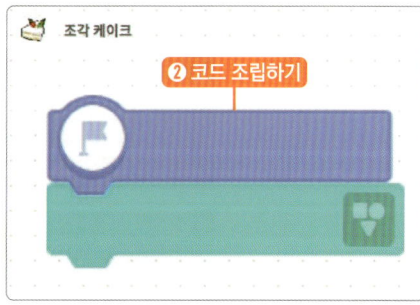

미션 4 [조각 케이크] 오브젝트를 복제한 후 아래 그림을 참고하여 원하는 위치에 배치해요.

※ 총 3개가 되도록 복제해요.

미션 5 [시작하기(▶)]를 클릭한 다음 미션 1)~미션 4)의 내용을 확인해요. 이어서, 산타 할아버지가 내는 문제의 답을 맞춰보세요.

CHAPTER 17
길에 떨어진 과일, 누가 흘리고 갔을까?

▶ 불러올 파일 : 17차시 과일.mod   ▶ 완성된 파일 : 17차시 과일(완성).mod

학습목표
- 과일 오브젝트를 추가하고 복제해보자.
- 아바타에 닿았을 때 과일이 사라지도록 코딩하자.

헬로메이플 왕국 이야기

오늘은 햇살 가득한 헬로메이플 마을에 도착했어요. 마을 입구에는 과일 가게 주인이 보여요!

과일 가게 주인에게 가까이 다가가자, 주인이 깜짝 놀란 얼굴로 말해요.
"길에 떨어진 과일이 있네요! 누가 흘리고 갔나 봐요. 혹시 과일을 주워서 저쪽에 있는 소녀에게 가져다줄 수 있나요?"

길을 따라 바나나와, 토마토, 파인애플이 떨어져 있어요. 과일을 주워서 소녀에게 전달해 볼까요?

메이플 컴퓨팅 사고력

강아지 산책시키기 순서를 확인하고 빈칸에 맞게 **스티커를 붙여보세요**.

- 강아지 목줄(하네스)을 채워요.
- 강아지와 같은 위치로 나란히 걸어요.
- 앞서 가면 목줄을 살짝 당겨서 속도를 조절해요.
- 흥분하거나 심하게 짖는다면 목줄을 강하게 당겨서 제지해요.
- 1시간 내외로 끝내고 집으로 돌아와요.

01 길에 떨어진 바나나를 추가해보자!

1. 헬로메이플에서 [17차시 과일.mod] 파일을 불러온 후, 월드 이름을 '17차시 과일'로 저장해요.

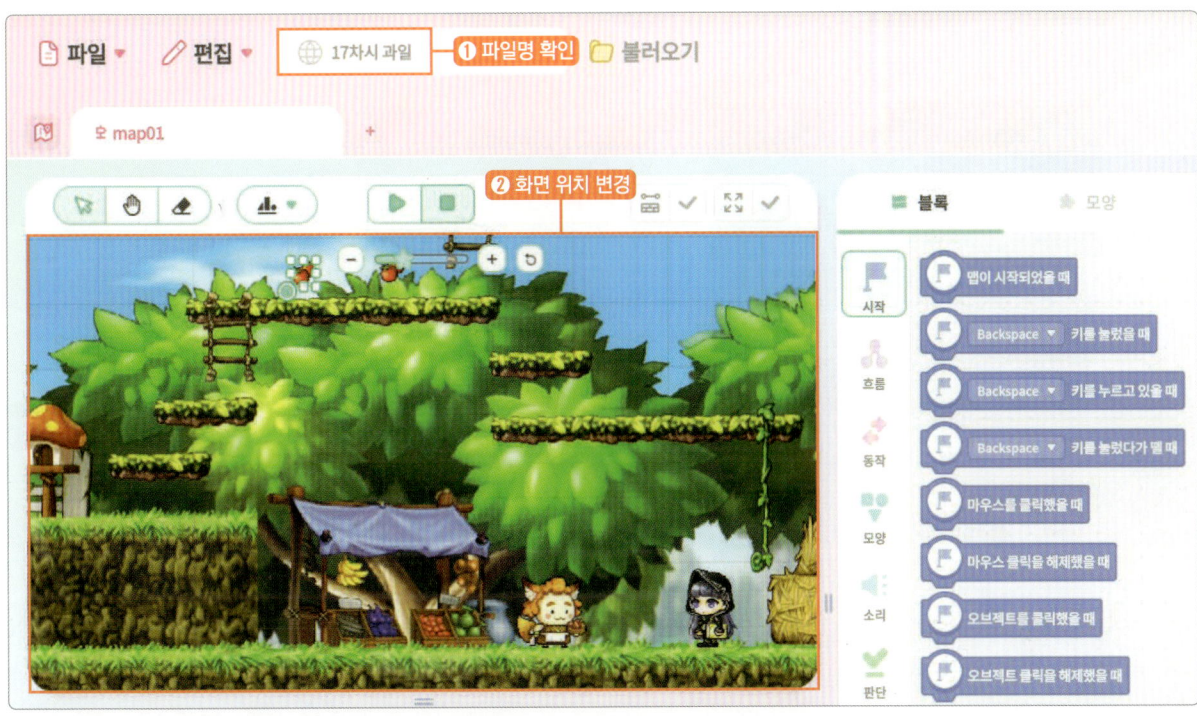

2. [추가하기(＋)]-[오브젝트 추가하기]를 클릭하고 [음식]-[바나나1]을 추가해요. 이어서, 바나나의 위치(X: 860, Y: 100)를 설정해요.

CHAPTER 17 길에 떨어진 과일, 누가 흘리고 갔을까? • 091

아바타가 바나나에 닿으면 사라지도록 만들어보자!

1 [바나나1]을 선택하고 [블록] 탭에서 [시작]- `맵이 시작되었을 때` 블록과 [흐름]- `무한 반복하기` 블록을 블록 조립소에 드래그해요.

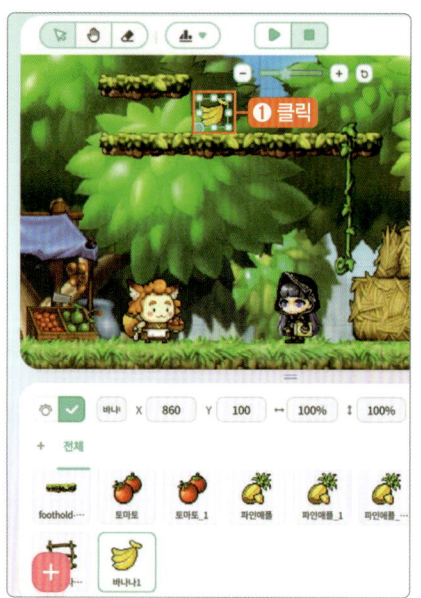
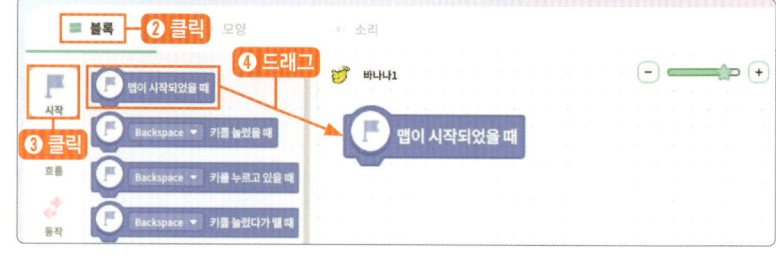
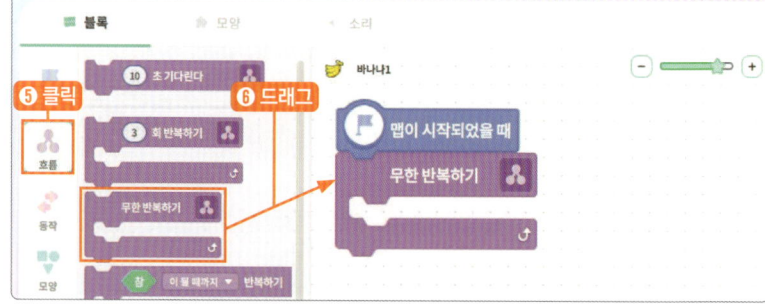

2 [흐름]- `만일 참 이라면` 블록을 연결하고 [판단]- `마우스포인터 에 닿았는가?` 블록을 `참` 블록 안에 넣고 [아바타]로 변경해요.

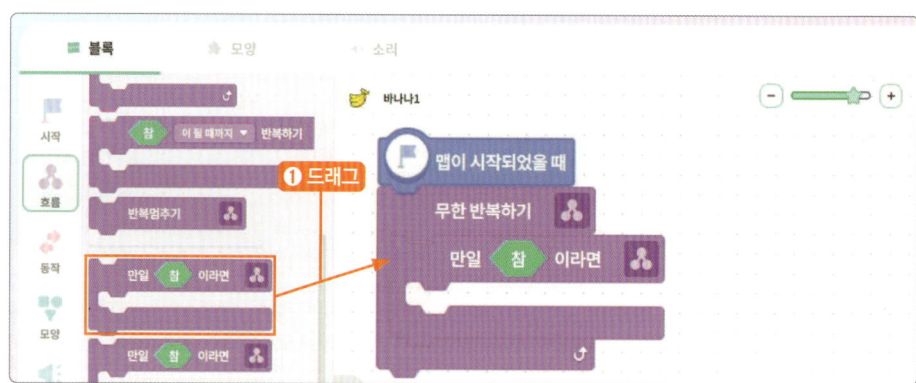
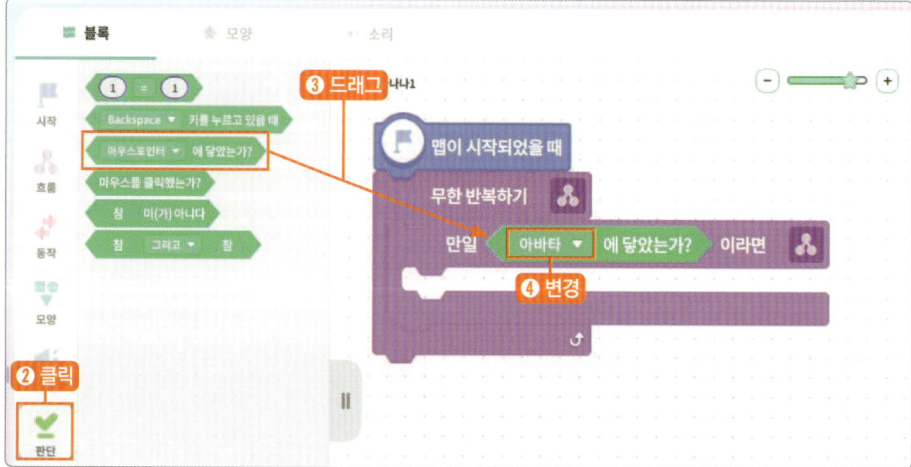

3 [모양]- 모양 숨기기 블록을 조건 안에 드래그하여 연결해요.

※ 맵이 시작되었을 때 다음 기능을 실행해요.
 - 만일 아바타에 닿았다면 모양 숨기기

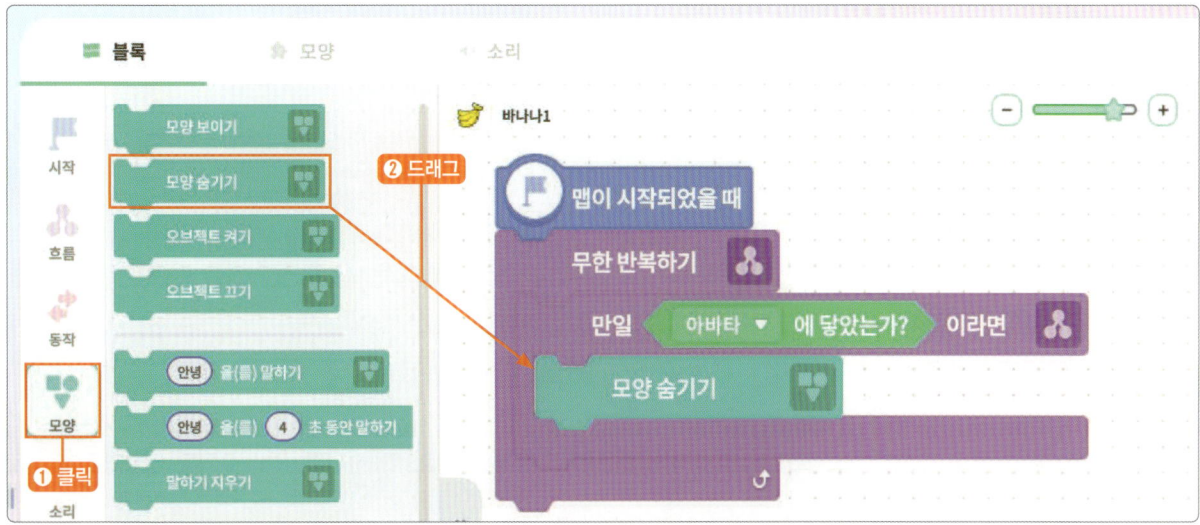

4 [바나나1]을 클릭하고 마우스 오른쪽 단추를 눌러서 [복제하기]를 클릭해요. 복제된 바나나의 위치는 X: 1000, Y: 100으로 설정해요.

헬로메이플 TIP!

오브젝트에 블록 코드를 조립하고 복제하면, 복제된 오브젝트에도 코드가 조립되어 있어요!
복제된 바나나1_1 오브젝트의 코드 내용을 확인해 보세요!

03 과일을 주워서 소녀에게 가져다주자!

1 [시작하기(▶)]를 클릭한 다음 아바타가 바나나에 닿았을 때 바나나의 모양이 사라지는지 확인해요.

2 바나나, 토마토, 파인애플을 모두 모아서 소녀에게 가져다주면 미션 완료에요~

CHAPTER 17 헬로메이플에서 미션 성공하기!

▶ 불러올 파일 : 17차시 미션.mod ▶ 완성된 파일 : 17차시 미션(완성).mod

💡 날씨를 관측 중인 물개 항해사에게 따뜻한 핫초코를 전달해주세요!

 미션 1 [불러올 파일]-[CHAPTER 17]-[17차시 미션.mod] 파일을 선택하고 월드의 이름은 [17차시 미션]으로 저장해요.

 미션 2 [핫초코]를 클릭하고 다음과 같이 코드를 추가해요.

① 맵이 시작되었을 때 – 무한 반복하기   ② 만일 아바타에 닿았는가? 라면   ③ 모양 숨기기

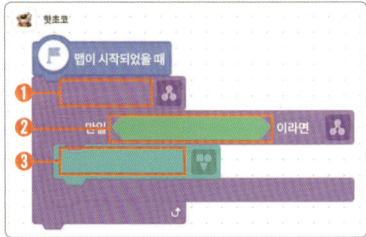

 미션 3 핫초코를 복제하여 그림과 같이 총 3개가 되도록 배치해요.

CHAPTER 17 길에 떨어진 과일, 누가 흘리고 갔을까? • **095**

CHAPTER 18
저주받은 돌의 정령을 구하자!

▶ 불러올 파일 : 18차시 저주.mod   ▶ 완성된 파일 : 18차시 저주(완성).mod

학습목표
- 돌의 요정과 대화해보자.
- 숨은 정령 로프를 찾고 저주를 풀어보자.

헬로메이플 왕국 이야기

오늘은 살짝 안개가 낀 어두운 호수 마을에 도착했어요. 호수 옆에는 작은 동굴 앞에 서 있는 요정이 보여요.

요정에게 다가가자, 요정이 걱정 가득한 얼굴로 말해요. "도깨비의 저주로 인해서 돌의 정령이 저주에 걸렸어..! 로프를 타고 올라가서 반짝이는 별 3개를 모으면 저주가 풀릴거야! 숫자 1, 2 키를 누르면 위로 올라갈 수 있는 로프가 나타날 거야!"

숫자 키를 누르자, 로프가 나타났어요! 이제 조심조심, 로프를 타고 위로 올라가 볼까요? 올라가는 길에는 반짝이는 별을 주워서 돌의 요정의 저주를 풀어주세요!

메이플 컴퓨팅 사고력

자동차를 타고 내릴 때 순서를 확인하고 빈칸에 맞게 스티커를 붙여보세요.

- 차 문을 열고 뒷좌석에 앉아요.
- 어린이 시트가 있는 경우 어린이 시트에 앉아요.
- 안전벨트를 꼭 매요.
- 문을 열어 얼굴이나 손을 내밀지 않아요.
- 차가 멈추면 뒤에 자전거나 오토바이가 오는지 확인해요.
- 반드시 오른쪽 문으로 내려요.

01 높은 곳으로 올라갈 수 있는 로프를 추가해보자!

1 헬로메이플에서 [18차시 저주.mod] 파일을 불러온 후, 월드 이름을 '18차시 저주'로 저장해요.

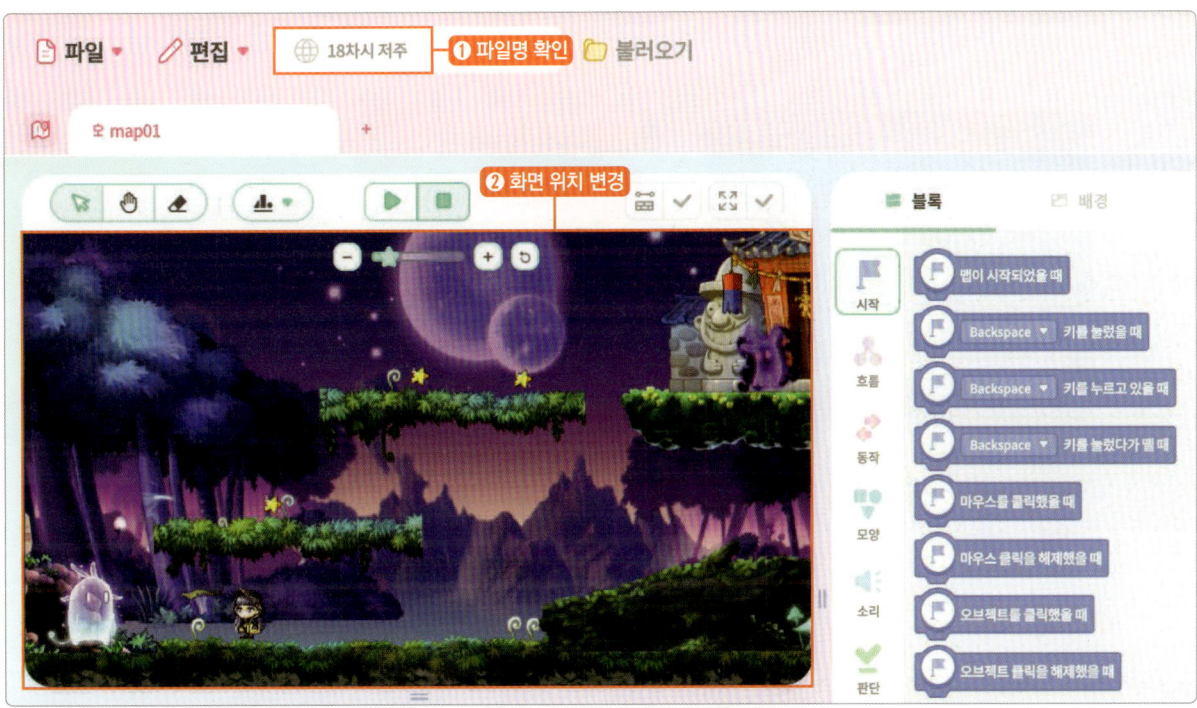

2 [추가하기(+)]-[오브젝트 추가하기]를 클릭하고 [공간]-[기타 로프3]을 추가해요. 이어서, 로프의 위치 (X: -180, Y: -180)를 설정해요.

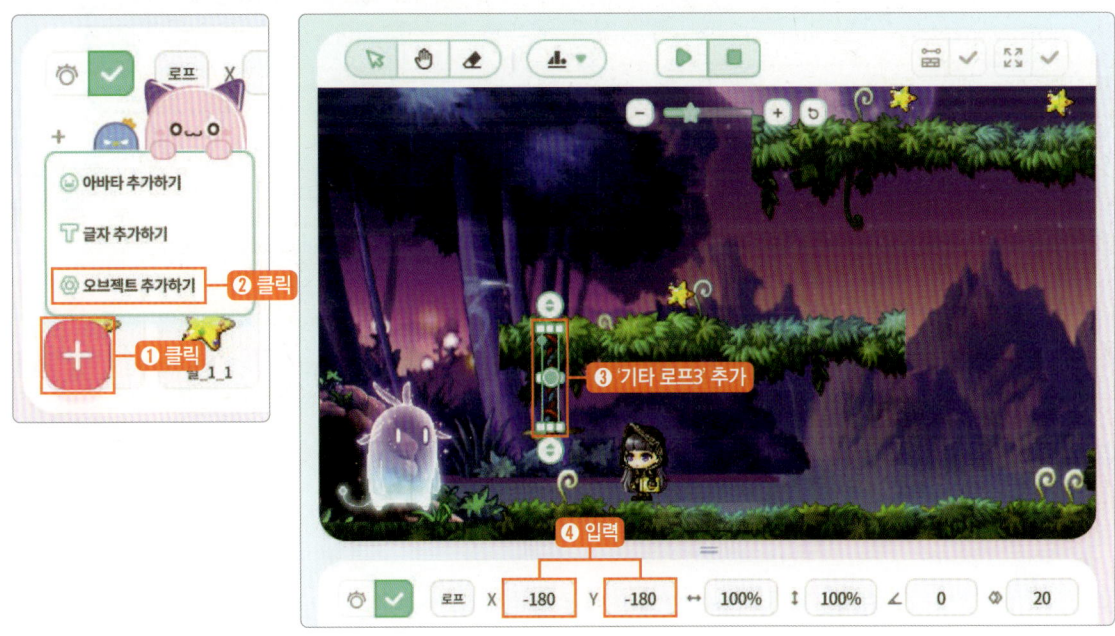

CHAPTER 18 저주받은 돌의 정령을 구하자! • 097

02 로프가 보이지 않도록 설정해 보자!

1 [기타 로프3]을 선택하고 [블록] 탭에서 [시작]-맵이 시작되었을 때 블록과 [모양]-오브젝트 끄기 블록을 블록 조립소에 드래그해요.

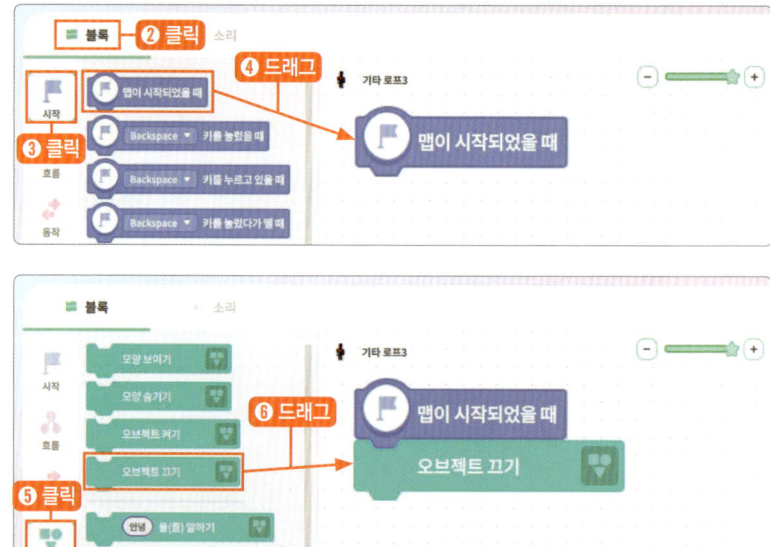

여기서 잠깐!

◆ '모양 숨기기' 블록은 로프가 안 보이지만, 아바타는 로프를 탈 수 있어요!
  → 로프가 보이지 않지만 길은 그대로 있어요.

◆ '오브젝트 끄기' 블록은 로프가 안 보이고, 아바타는 로프를 탈 수 없어요!
  → 길 자체가 없어져서 갈 수 없어요.

그래서 로프가 보이지 않을 때는 못 타게 하고 싶다면 '오브젝트 끄기' 블록을 사용해요!

03 숫자 키를 눌렀을 때 로프가 보이도록 만들어보자!

1 [시작]- Backspace 키를 눌렀을 때 블록을 추가하고 [1]로 변경해요. 이어서, [모양]- 오브젝트 켜기 블록을 연결해요.

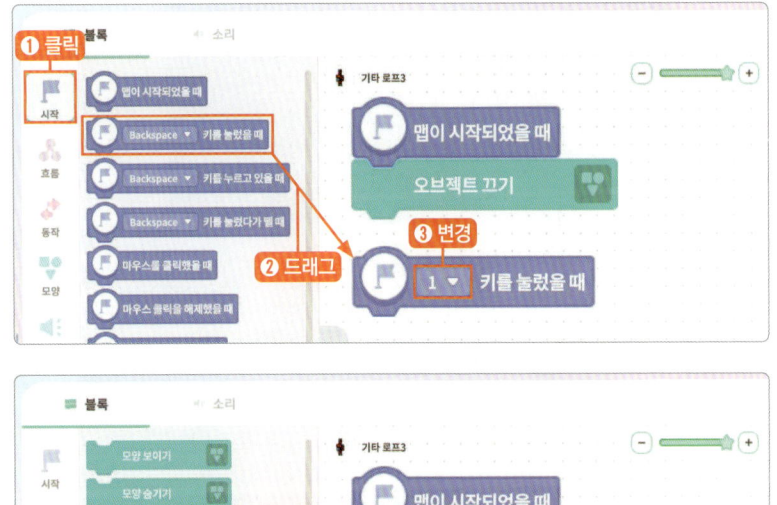

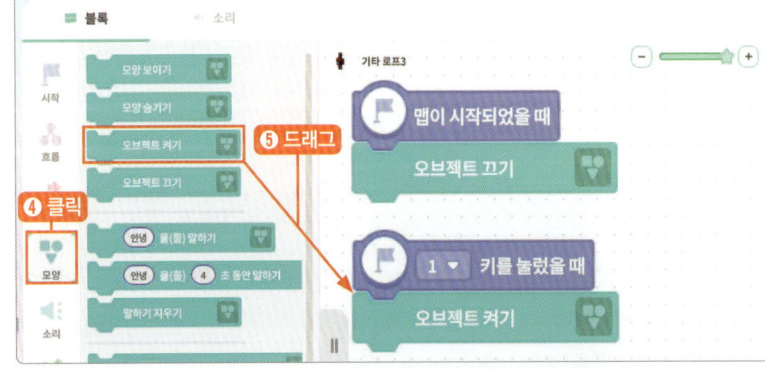

2 [기타 로프3]을 클릭하고 마우스 오른쪽 단추를 눌러서 [복제하기]를 클릭해요. 복제된 로프의 위치는 X: 325, Y: 185로 설정해요.

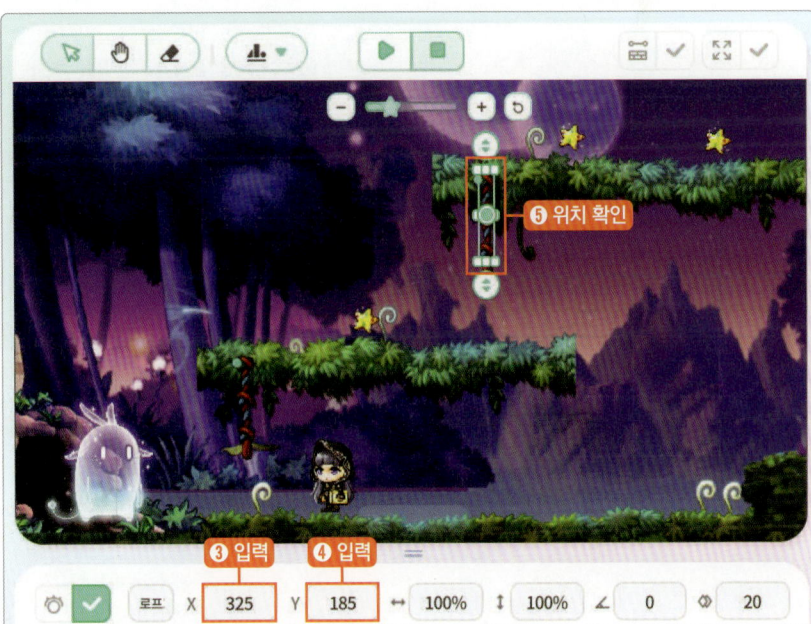

CHAPTER 18 저주받은 돌의 정령을 구하자! • 099

3. 복제된 [기타 로프3_1]을 클릭하고 `1 키를 눌렀을 때` 블록을 [2]로 변경해요.

   ※ 오브젝트에 블록 코드를 조립하고 복제하면, 복제된 오브젝트에도 코드가 조립되어 있어요!

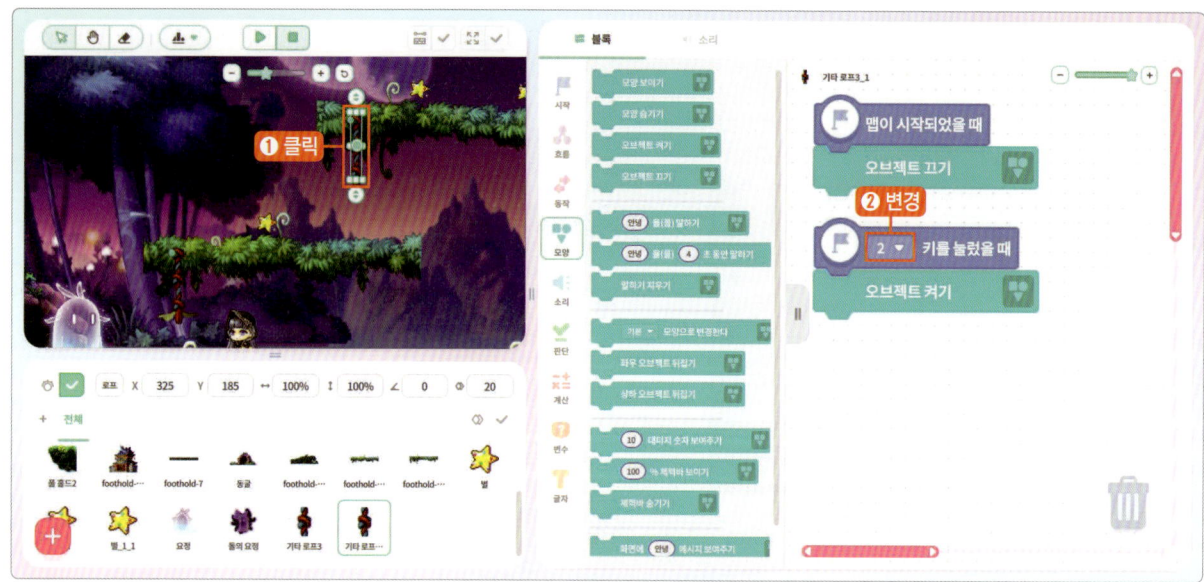

4. [시작하기(▶)]를 클릭한 다음 요정에게 다가간 후, 숫자 1, 2 키를 눌러보세요.

5. 로프를 타고 반짝이는 별 3개를 모아서 저주 걸린 돌의 정령에게 다가가면 저주가 풀릴 거예요.

CHAPTER 18

헬로메이플에서 미션 성공하기!

▶ 불러올 파일 : 18차시 미션.mod   ◀ 완성된 파일 : 18차시 미션(완성).mod

💡 이곳은 무시무시한 고스트파크에요! 발판과 사다리를 이용해서 얼른 이곳을 탈출해요!

미션 1 [불러올 파일]-[CHAPTER 18]-[18차시 미션.mod] 파일을 선택하고 월드의 이름은 [18차시 미션]으로 저장해요.

미션 2 [발판]을 클릭하고 다음과 같이 코드를 추가해요.

① 맵이 시작되었을 때 - 오브젝트 끄기   ② 1 키를 눌렀을 때 - 오브젝트 켜기

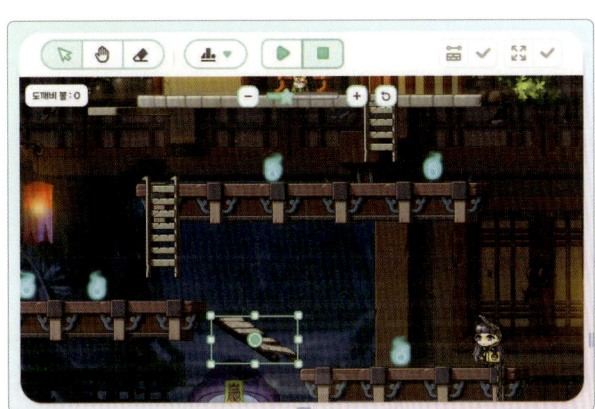
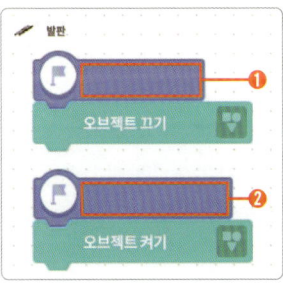

미션 3 사다리를 보이게 하려면 다음 중 어떤 키를 눌러야 할까요?

① 숫자 1 키   ② 숫자 2 키   ③ Z 키

CHAPTER 19
궁수 훈련장의 열쇠를 찾아주자!

🔹 불러올 파일 : 19차시 열쇠.mod 🚩 완성된 파일 : 19차시 열쇠(완성).mod

학습목표
◆ 파란 머리 소년과 열쇠공 아저씨에게 말을 걸어 새 열쇠를 받자.
◆ 열쇠를 클릭해서 나를 따라오게 하고, 헬레나에게 전달하자.

헬로메이플 왕국 이야기

마을 한쪽에는 머리카락이 파란 소년이 서 있어요. 파란 머리 소년에게 다가가자, 소년이 다급한 얼굴로 말해요.

"나... 큰일 났어! 궁수 훈련장 문의 열쇠를 잃어버렸어.. 열쇠공 아저씨를 찾아가서 새 열쇠를 받아줄래?"

마을 길을 따라가면, 열쇠공 아저씨가 보여요! 아저씨에게 새 열쇠를 받고 궁수 훈련장 앞에 있는 헬레나님에게 전달해 볼까요?

메이플 컴퓨팅 사고력

분리수거를 하기 위한 순서를 확인하고 빈칸에 맞게 스티커를 붙여보세요.

☐	가정에서 재활용품을 정리해요.
	재활용을 하기 위한 분리수거 장소에 도착해요.
☐	종이, 플라스틱, 비닐, 병 등을 장소에 맞게 분리해서 버려요.
	분리수거 가방을 들고 집으로 돌아와요.

01 열쇠를 클릭했을 때 아바타를 따라다니도록 해보자!

1 헬로메이플에서 [19차시 열쇠.mod] 파일을 불러온 후, 월드 이름을 '19차시 열쇠'로 저장해요.

2 [열쇠]를 선택하고 [블록] 탭에서 미리 조립된 코드를 확인해요.

여기서 잠깐! 미리 조립되어 있는 코드가 안보이면 블록 조립소에서 마우스 오른쪽 단추를 클릭하여 [정렬]을 클릭해요.

CHAPTER 19 궁수 훈련장의 열쇠를 찾아주자! • 103

3 [시작]-오브젝트를 클릭했을 때 블록을 블록 조립소에 드래그해서 코드를 추가해요.

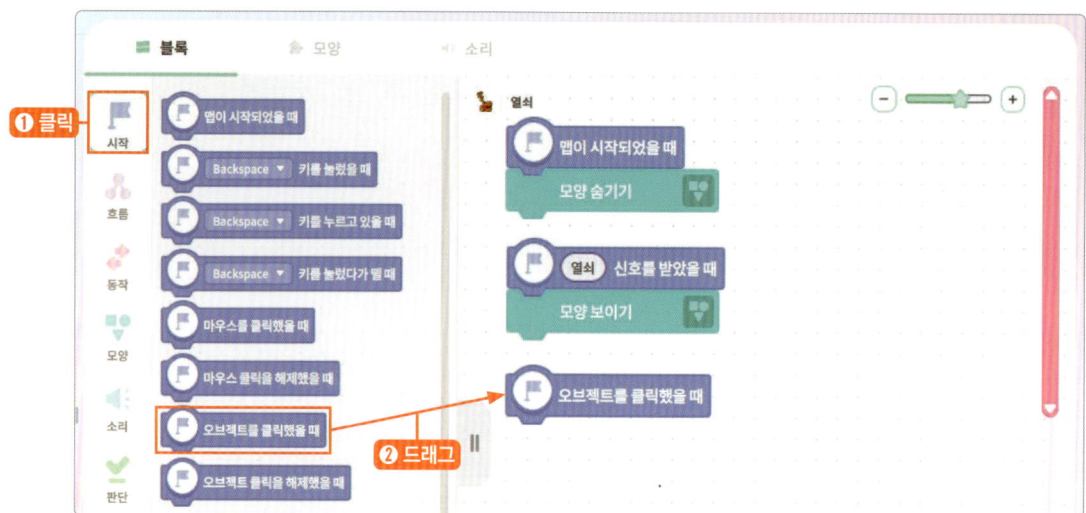

4 [흐름]-참 이 될 때까지 반복하기 블록을 연결한 다음 [판단]-마우스포인터 에 닿았는가? 블록을 참 블록 안에 넣고 [헬레나]로 변경해요.

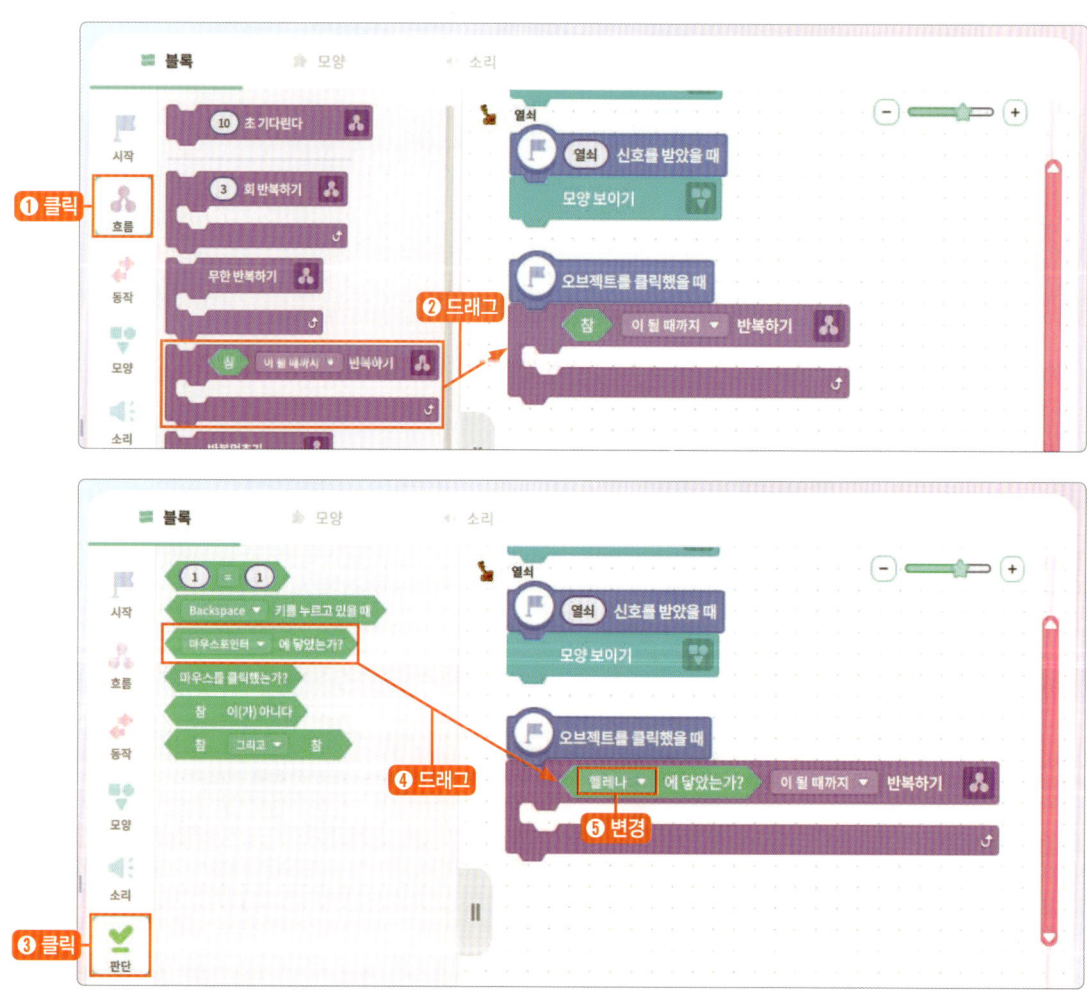

104 • 탐험대원 모집, 탐험의 시작! 메이플 탐험대

5. [동작]- 자신▼ 위치로 이동하기 블록을 조건 안에 드래그하여 연결하고 [아바타]로 변경해요.

※ 열쇠 오브젝트를 클릭했을 때 다음 기능을 실행해요.
- 헬레나에 닿을 때까지 열쇠가 계속해서 아바타 위치로 이동해요.

여기서 잠깐!
열쇠가 헬레나에 닿으면 더 이상 아바타의 위치로 이동하지 않아요.

02 열쇠가 헬레나에게 닿았을 때는 어떻게 될까?

1. [헬레나]를 선택하고 [블록] 탭에서 미리 조립된 코드를 확인해요.

※ 맵이 시작되었을 때 다음 기능을 실행해요.
- 만일 열쇠에 닿았는가? 라면
- 도와줘서 고마워, 이제 문을 열 수 있어! 라고 2초 동안 말하기

03 새 열쇠를 받아서 헬레나에게 전달해 주자!

1 [시작하기(▶)]를 클릭한 다음 열쇠공 아저씨에게 가서 열쇠를 받아요.

2 열쇠를 가지고 궁수 훈련장 앞에 있는 헬레나에게 가져다주면 미션 완료에요~

CHAPTER 19

▶ 불러올 파일 : 19차시 미션.mod   ▶ 완성된 파일 : 19차시 미션(완성).mod

💡 헬레나님에게 활을 쏘는 방법에 대해 배우러 왔어요!

미션 1 [불러올 파일]-[CHAPTER 19]-[19차시 미션.mod] 파일을 선택하고 월드의 이름은 [19차시 미션]으로 저장해요.

미션 2 [활]을 클릭하고 미리 조립된 코드를 확인한 다음 코드를 추가해요.

① 오브젝트를 클릭했을 때   ② 헬레나에 닿았는가? 이 될 때까지 반복하기
③ 아바타 위치로 이동하기

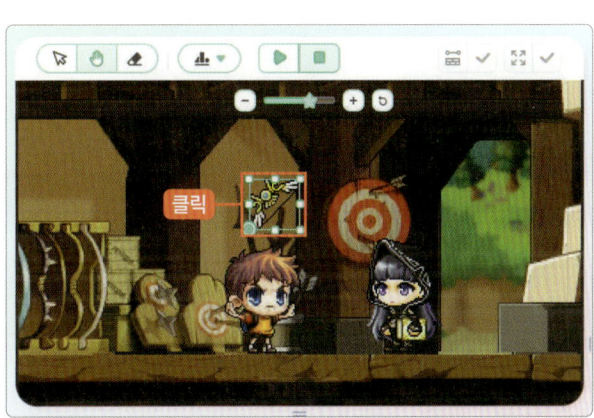
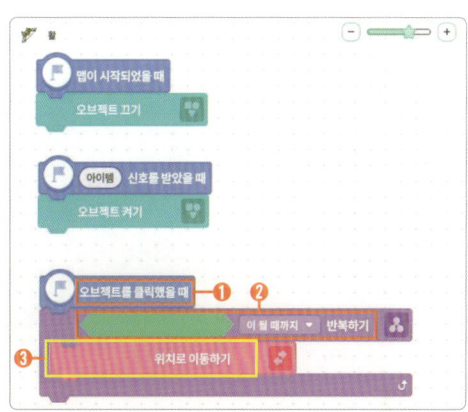

미션 3 활을 클릭하고 헬레나에게 전달해 주세요.

CHAPTER 19 궁수 훈련장의 열쇠를 찾아주자! • **107**

CHAPTER 20 코딩 모험 중간 체크포인트!

> 불러올 파일 : 20차시 청소로봇.mod   완성된 파일 : 20차시 청소로봇(완성).mod

미션 1 [불러올 파일]-[CHAPTER 20] 폴더에 있는 [20차시 청소로봇.mod] 파일을 선택하고 월드의 이름은 [20차시 미션]으로 저장해요.

미션 2 [청소 로봇]을 클릭하고 다음과 같이 코드를 수정해요.

① 만일 '아바타'에 닿았는가? 라면
② '아바타' 위치로 이동하기

 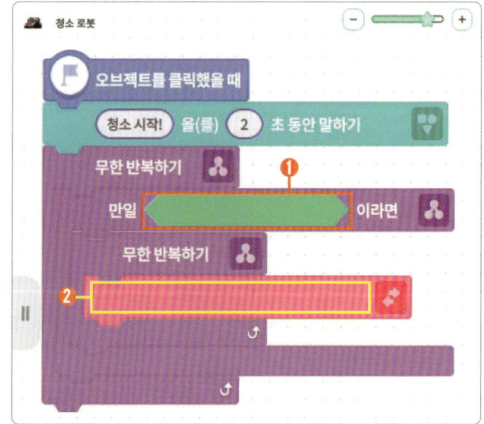

미션 3 [숨은 발판]을 클릭하고 다음과 같이 코드를 추가해요.

① 맵이 시작되었을 때 오브젝트 끄기   ② 1 키를 눌렀을 때 오브젝트 켜기

 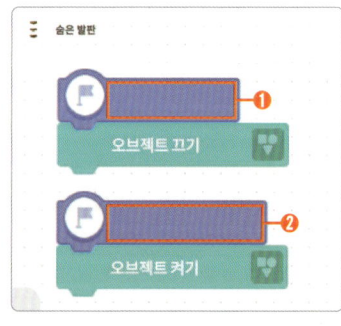

미션 4 높은 곳에 있는 인형을 청소하기 위해서는 발판이 필요해요! 숨은 발판을 보이게 하려면 키보드의 어떤 키를 눌러야 할까요?

① 숫자 1 키　　　② 숫자 2 키　　　③ Ctrl 키

미션 5 집에는 총 몇 개의 인형이 있을까요? _____ 개

미션 6 '모양 숨기기'와 '오브젝트 끄기' 블록의 차이점에 대해 설명을 읽고 O, X로 표시해 주세요.

- '모양 숨기기'와 '오브젝트 끄기' 블록을 사용하면 화면에서 오브젝트가 보이지 않아요. (O, X)
- '모양 숨기기' 블록을 사용하면 오브젝트가 안 보이고, 사용할 수도 없어요. (O, X)
- '오브젝트 끄기' 블록을 사용하면 오브젝트가 안 보이지만, 여전히 움직이거나 사용할 수 있어요. (O, X)

CHAPTER 21 신전 안쪽엔 무엇이 있을까?

▶ 불러올 파일 : 21차시 고대 신전.mod   ▶ 완성된 파일 : 21차시 고대 신전(완성).mod

학습목표
- 포털을 사용해서 다음 장면으로 이동하는 코드를 만들어보자.
- 두 번째 장면에서 아바타의 시작 위치를 지정해보자.

헬로메이플 왕국 이야기

모래바람이 부는 사막 한가운데, 황금빛 모래 위를 걷고 있어요.
멀리서 낯선 문이 보이네요. 가까이 다가가자, 머리띠를 두른 인디안 병사가 문 앞을 지키고 서 있어요.

병사는 단호한 목소리로 말해요.
"이곳은 고대 신전으로 통하는 문이야.
포털 없이는 안으로 들어갈 수 없어. 포털을 설치할 수 있는 능력을 보여줘!"

이제 아바타는 포털을 추가하고, 고대 신전 안으로 이동할 준비를 해볼까요?

메이플 컴퓨팅 사고력

공정한 반장선거를 하기위한 순서를 확인하고 빈칸에 맞게 스티커를 붙여보세요.

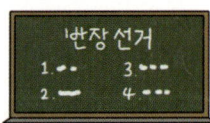 후보를 선정해요.

선정된 후보의 선거연설을 들어요.

내가 원하는 친구에게 투표를 해요.

개표를 해요.

 당선자를 발표해요.

고대 신전 안의 모습을 살펴보자!

1 헬로메이플에서 [21차시 고대 신전.mod] 파일을 불러온 후, 월드 이름을 '21차시 고대 신전'으로 저장해요.

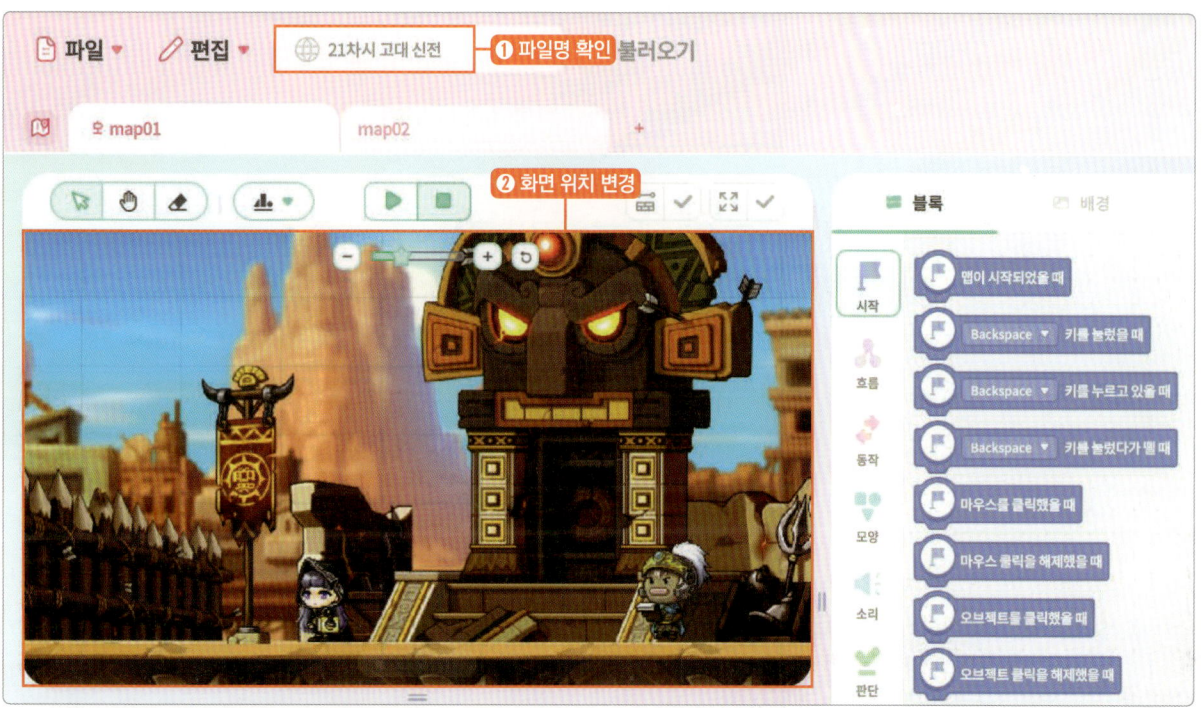

2 [map02]를 클릭해서 두 번째 맵으로 이동해요.

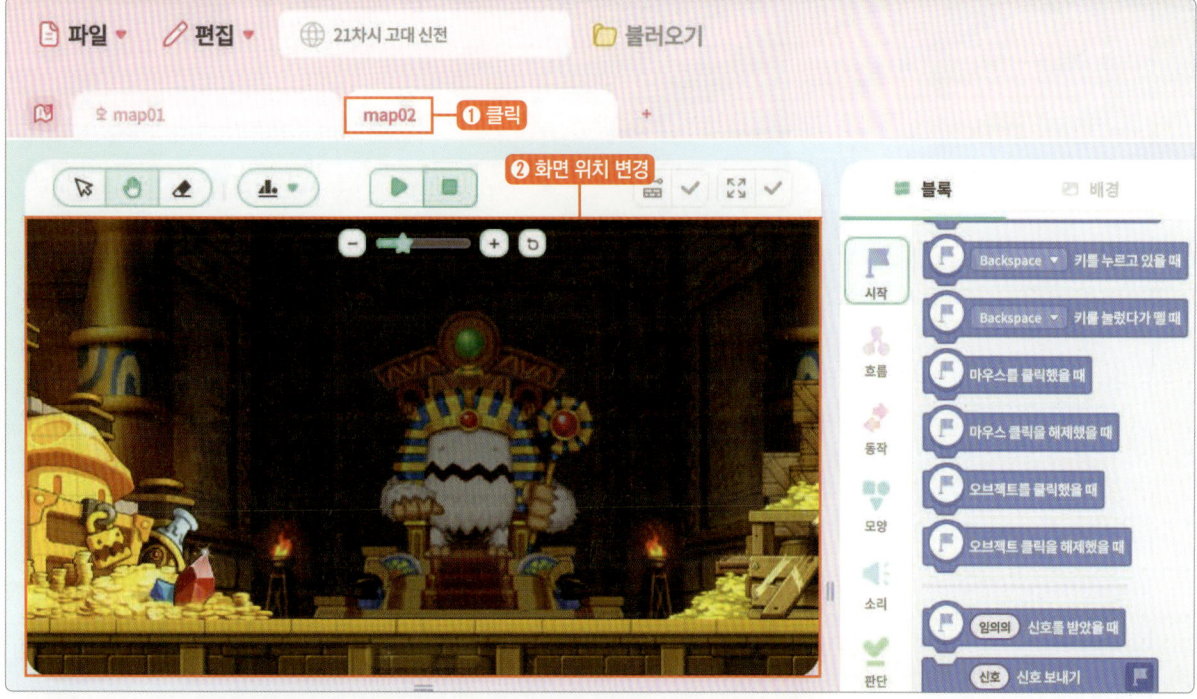

3 [추가하기(+)]-[오브젝트 추가하기]를 클릭하고 [공간]-[포털1]을 추가해요. 이어서, 포털의 위치(X: 0, Y: 300)를 설정해요.

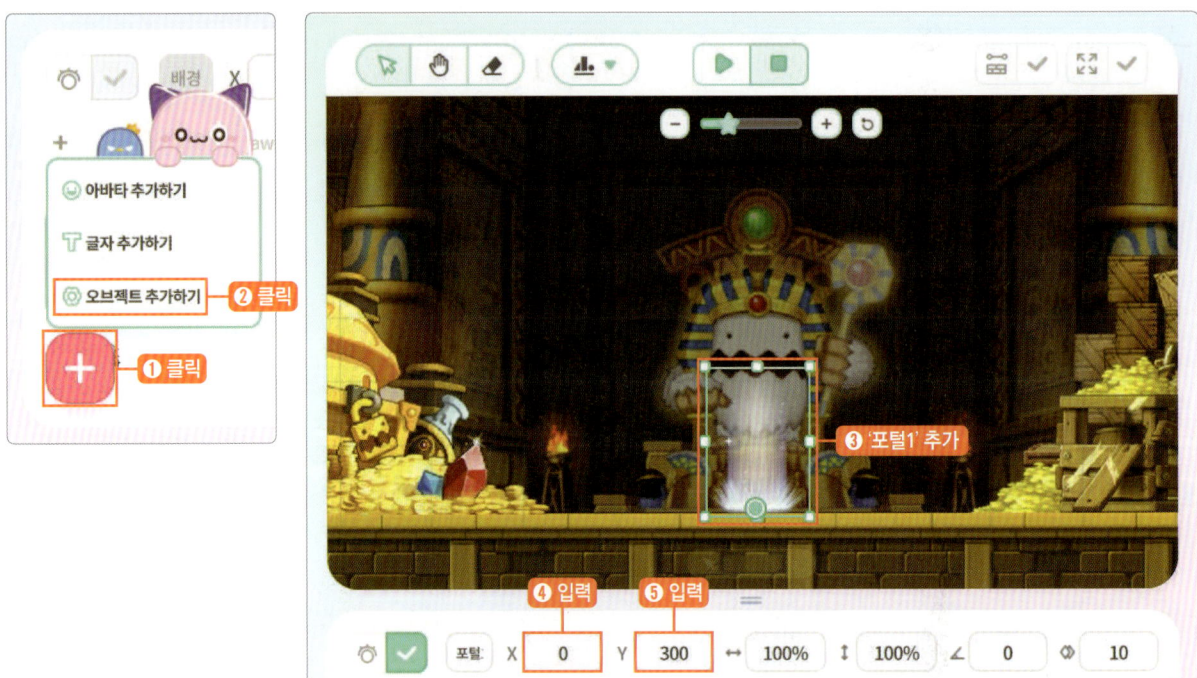

4 [추가하기(+)]-[아바타 추가하기]를 클릭하고 아바타의 위치(X: 0, Y: 290)를 설정해요.
※ 'map02' 맵이 실행되었을 때 아바타가 포털 위에서 시작할 수 있도록 포털의 위치와 비슷하게 설정해요.

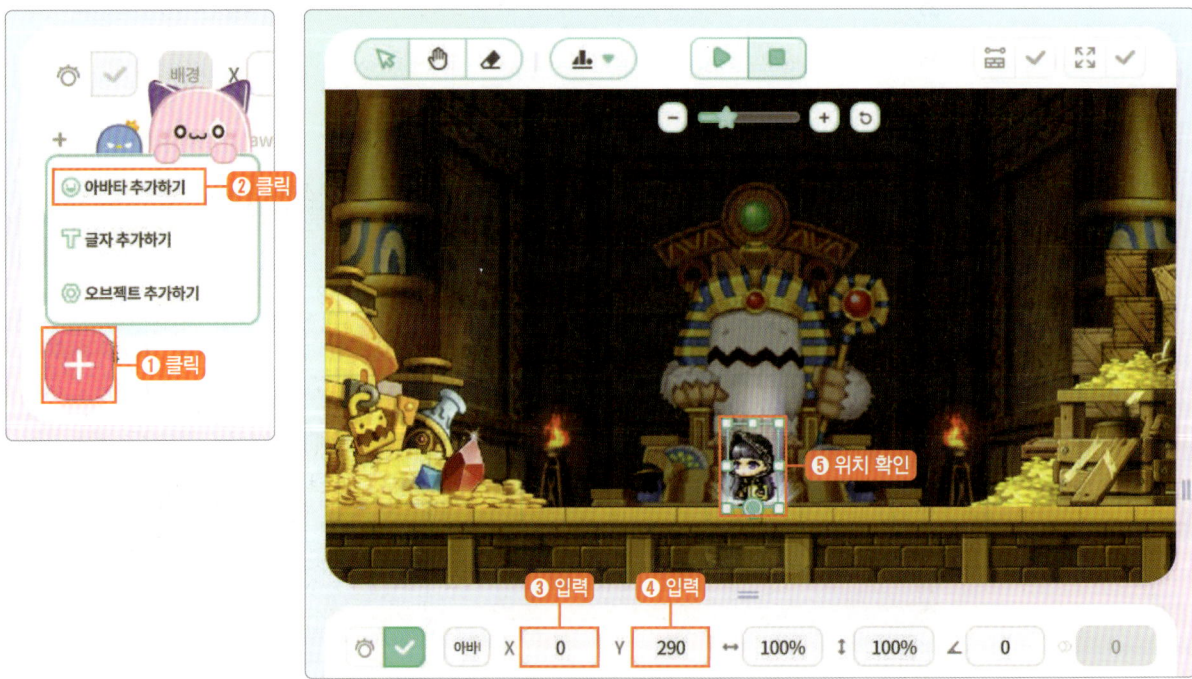

02 고대 신전 밖에서 포털을 추가하자!

1 [map01]로 이동한 다음 [추가하기()]-[오브젝트 추가하기]를 클릭하고 [공간]-[포털2]를 추가해요. 이어서, 포털의 위치(X: 65, Y: -185)를 설정해요.

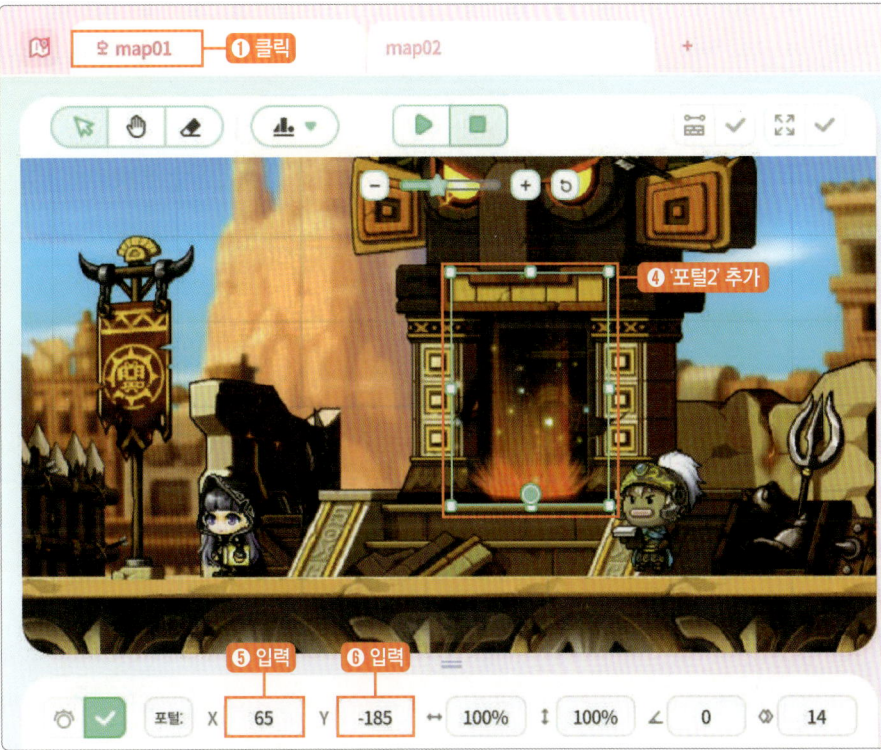

여기서 잠깐!

[맵 목록()] 단추는 어떤 맵으로 이동할지 한눈에 볼 수 있는 지도 메뉴에요! 어떤 맵으로 갈지 직접 선택해서 이동하거나 새로운 맵을 만들고 삭제할 수 있어요.

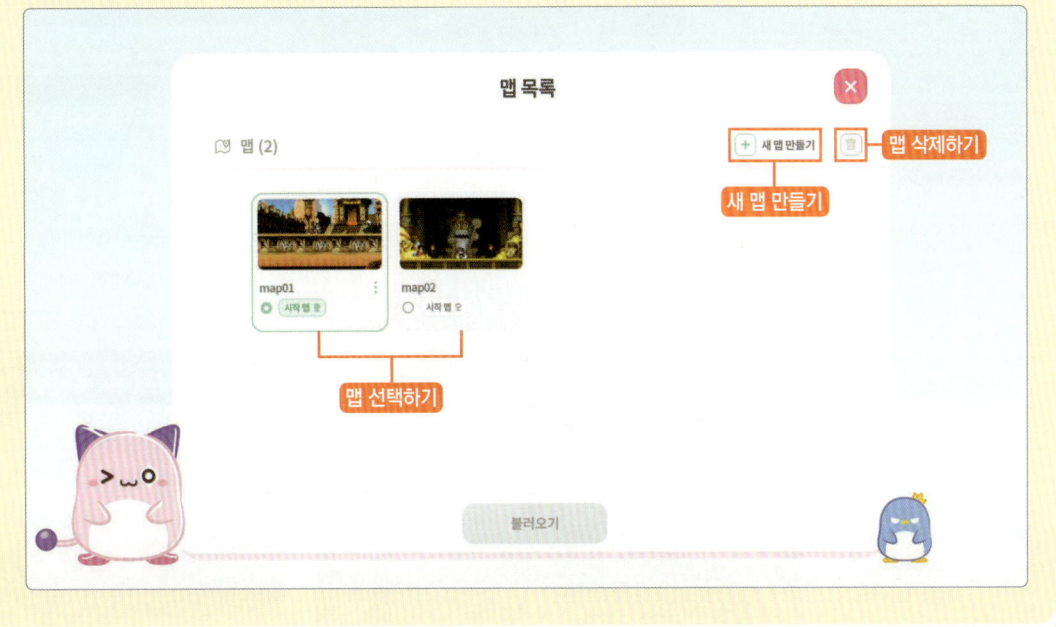

03 고대 신전 밖에서 안으로 이동하는 포털을 설정하자!

1 [map01]에서 [포털2]를 클릭하고 [시작] 및 [흐름], [판단]을 이용하여 다음과 같이 연결해요. 이어서, 목록 단추를 눌러서 [map02]로 변경해요.

※ 맵이 시작되었을 때 다음 기능을 실행해요.
  – 무한 반복하기
  – 만일 포털2에 아바타가 닿았는가? 그리고 ↑ 키를 누르고 있을 때라면
  – map02 맵으로 전환한다.

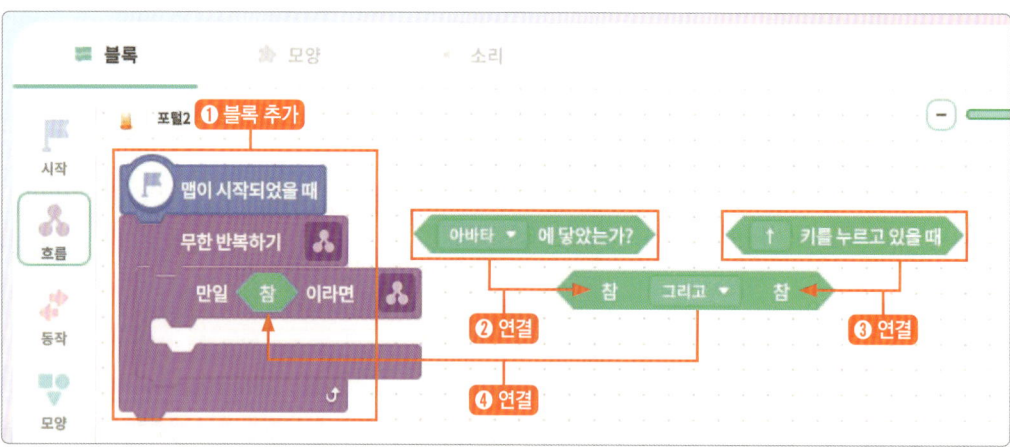

2 [시작하기(▶)]를 클릭한 다음 포털에서 ↑ 키를 눌러 신전 내부로 이동해 보세요!

신전 밖 – map01 포털	신전 안 – map02 포털

CHAPTER 21
헬로메이플에서 미션 성공하기!

▸ 불러올 파일 : 21차시 미션.mod   ▸ 완성된 파일 : 21차시 미션(완성).mod

💡 마을 이장님께서 할 말이 있는 것 같아요!

미션 1 [불러올 파일]–[CHAPTER 21]–[21차시 미션.mod] 파일을 선택하고 월드의 이름은 [21차시 미션]으로 저장해요.

미션 2 [map01]–[포털1]을 클릭하고 미리 조립된 코드를 확인한 다음 코드를 추가해요.

① 만일 아바타에 닿았는가? 그리고 키를 누르고 있을 때 이라면

② map02 맵으로 전환

미션 3 [map02]에서 [추가하기()]–[아바타 추가하기]를 클릭하고 아바타의 위치를 포털 위로 이동해요.

CHAPTER 21 신전 안쪽엔 무엇이 있을까? • **115**

CHAPTER 22
사막마을의 긴급 택배를 배달하자!

🚩 불러올 파일 : 22차시 사막마을.mod   🚩 완성된 파일 : 22차시 사막마을(완성).mod

학습목표
- 배달원에게 말을 걸어 배달 미션을 받고, 포털의 위치를 확인해보자.
- 포털에서 ↑ 키를 눌렀을 때 병원으로 이동하는 코드를 완성해보자.

헬로메이플 왕국 이야기

햇살이 뜨겁게 내리쬐는 사막 마을에 도착하자마자, 숨이 찬 배달원이 다급히 달려와요.

"헉... 도와줘!
주문이 너무 밀려서 병원에 배달을 못 가고 있어!
병원으로 바로 갈 수 있는 포털이 있긴 한데... 내가 직접 가긴 너무 바빠.
대신 포털로 가서 ↑ 키를 누르면 병원으로 이동할 수 있어!"

배달원이 알려준 위치로 가서, 포털을 찾고, 병원에 약을 배달하러 가볼까요?

메이플 컴퓨팅 사고력

어린이 교통카드 만들기 순서를 확인하고 빈칸에 맞게 **스티커를 붙여보세요**.

편의점으로 가요.

↓

어린이 교통카드를 신청해요.

↓

생년월일을 알려줘요.

↓

필요한 만큼 돈을 주고 충전을 해요.

↓

충전한 금액을 확인해요.

병원으로 이어지는 포털을 설치해보자!

1 헬로메이플에서 [22차시 사막마을.mod] 파일을 불러온 후, 월드 이름을 '22차시 사막마을'로 저장해요.

2 [추가하기(+)]-[오브젝트 추가하기]를 클릭하고 [공간]-[포털1]을 추가해요. 이어서, 포털의 위치(X: -1000, Y: -320)를 설정해요.

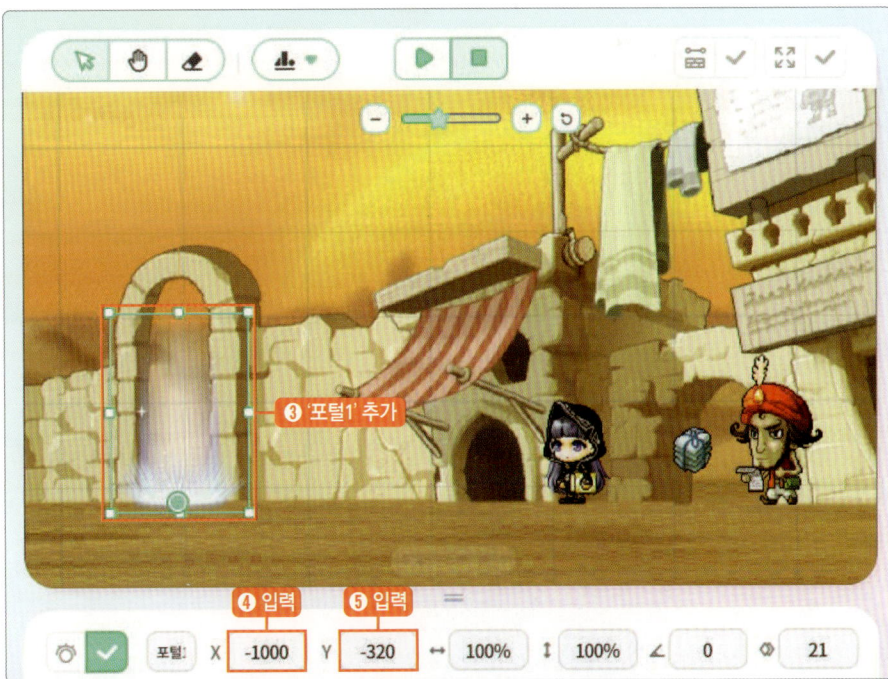

CHAPTER 22 사막마을의 긴급 택배를 배달하자! • **117**

3 [추가하기(+)]-[오브젝트 추가하기]를 클릭하고 [공간]-[포털2]를 추가해요. 이어서, 포털의 위치(X: -350, Y: 880)를 설정한 다음 포털2의 이름을 '병원'으로 변경해요.

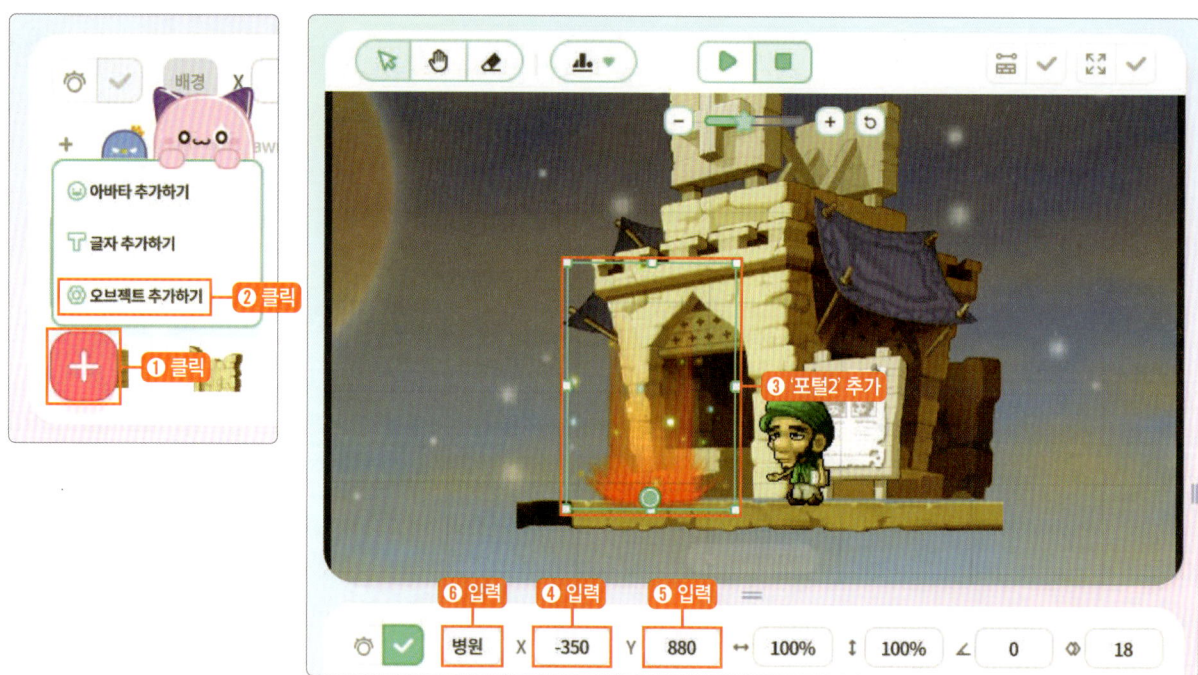

02 두 개의 포털을 연결해보자!

1 [포털1]을 클릭하고 [시작] 및 [흐름], [판단]을 이용하여 다음과 같이 연결해요. 이어서, 신호의 이름은 [포털]로 입력해요.

※ 맵이 시작되었을 때 다음 기능을 실행해요.
  - 무한 반복하기
  - 만일 포털1에 아바타가 닿았는가? 그리고 ↑ 키를 누르고 있을 때라면
  - 포털 신호를 보낸다.

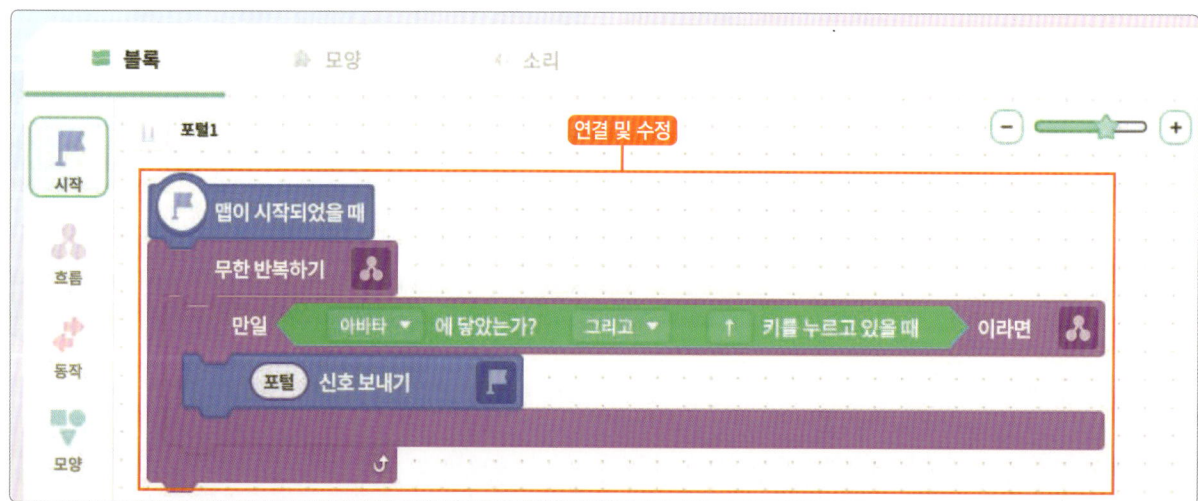

2 [아바타]를 클릭하고 [시작] 및 [동작]을 이용하여 다음과 같이 코드를 추가해요.

※ [포털1]에서 보낸 [포털] 신호를 받았을 때 아바타는 [병원] 포털 위치로 이동해요.

▲ 포털1   ▲ '병원' 포털

03 병원에 전달할 약을 클릭해보자!

1 [약]을 클릭하고 [블록] 탭에서 미리 조립된 코드를 확인해요.

※ [약] 신호를 받았을 때 실행되는 코드는 [배달원]에서 [약] 신호를 보낸 후에 실행되는 코드에요.

CHAPTER 22 사막마을의 긴급 택배를 배달하자! • 119

2 [약]을 클릭하고 [시작] 및 [흐름], [판단]을 이용하여 코드를 추가해요. 이어서, [의사]로 변경해요.

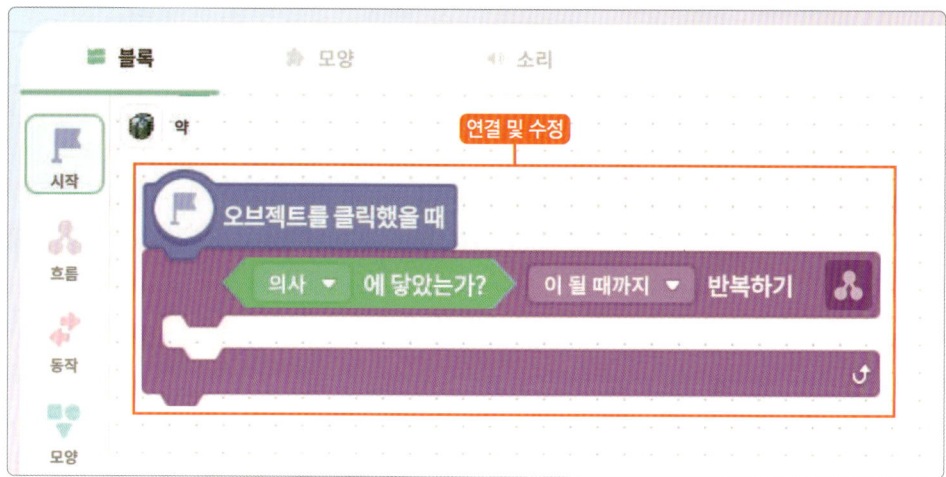

3 [동작]- 자신 위치로 이동하기 블록을 조건 안에 드래그하여 연결해요. 이어서, [아바타]로 변경해요.

　※ 오브젝트를 클릭했을 때 다음 기능을 실행해요.
　　- 의사에 닿을 때까지 반복하기
　　- 아바타 위치로 이동하기

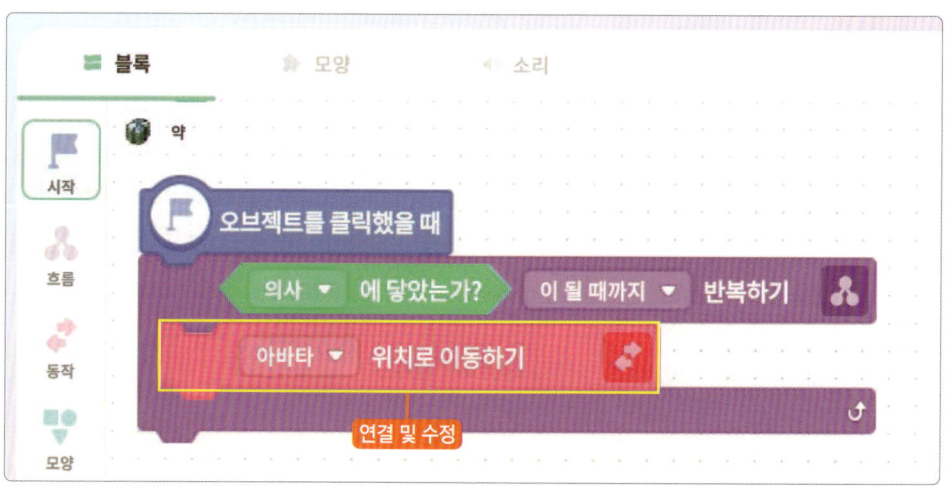

4 [시작하기(▶)]를 클릭한 다음 약을 클릭하고 포털에서 ↑ 키를 눌러 병원으로 이동해 보세요!

① 약 클릭하기 　　② 포털 사용하기 　　③ 병원 배달 완료하기

CHAPTER 22  헬로메이플에서 미션 성공하기!

📂 불러올 파일 : 22차시 미션.mod   📂 완성된 파일 : 22차시 미션(완성).mod

💡 **마녀 상점에서 급하게 주문이 들어왔어요! 진주를 전달해주세요!**

미션 1 [불러올 파일]-[CHAPTER 22]-[22차시 미션.mod] 파일을 선택하고 월드의 이름은 [22차시 미션]으로 저장해요.

미션 2 [진주]를 클릭하고 미리 조립된 코드를 확인한 다음 코드를 추가해요.

① 오브젝트를 클릭했을 때   ② 마녀에게 닿았는가?이 될 때까지 반복하기
③ 아바타 위치로 이동하기

미션 3 첫 번째 포털에서 두 번째 포털로 이동할 때 [아바타]는 어떤 신호를 받아야 이동할까요?

① 신호   ② 진주   ③ 포털

두 번째 [상점] 포털	아바타 오브젝트

✏️ **힌트** [포털] 오브젝트의 블록 코드를 확인해요!

CHAPTER 22 사막마을의 긴급 택배를 배달하자!

CHAPTER 23 크리스마스 트리를 꾸미자!

▶ 불러올 파일 : 23차시 크리스마스.mod   ▶ 완성된 파일 : 23차시 크리스마스(완성).mod

- Z 키를 눌러 전구 3개를 주워보자.
- 전구를 모두 모았을 때 포털이 열리고, 트리 장식 장소로 이동할 수 있도록 코딩해보자.

헬로메이플 왕국 이야기

하얀 눈이 소복소복 쌓인 빙하마을.
아바타가 마을에 도착하자,
귀여운 핑크빈이 반짝이는 눈으로 다가와요.

"메리 크리스마스~! 그런데 큰일이야!
크리스마스 트리를 장식할 전구 3개가 포털 가는 길에 떨어졌어…
제발 도와줘! Z 키를 눌러서 전구들을 주워줄 수 있을까?"

전구를 모두 모으면, 트리로 가는 포털이 열릴 거예요!
우리 함께 크리스마스를 준비하러 가볼까요?

메이플 컴퓨팅 사고력

화재 발생시 대피 순서를 확인하고 빈칸에 맞게 스티커를 붙여보세요.

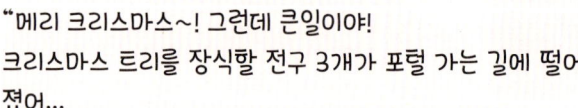

불을 발견하면 '불이야'라고 외쳐요.

작은 불은 소화기를 이용하여 불을 꺼요.

불을 끄기 어려우면 계단으로 빨리 대피해요.

연기 발생시 젖은 수건등으로 입과 코를 막고 낮은 자세로 대피해요.

건물 밖으로 나와 119에 신고해요.

01 ⌨ Z 키를 눌러서 크리스마스 전구를 주워보자!

1 헬로메이플에서 [23차시 크리스마스.mod] 파일을 불러온 후, 월드 이름을 '23차시 크리스마스'로 저장해요

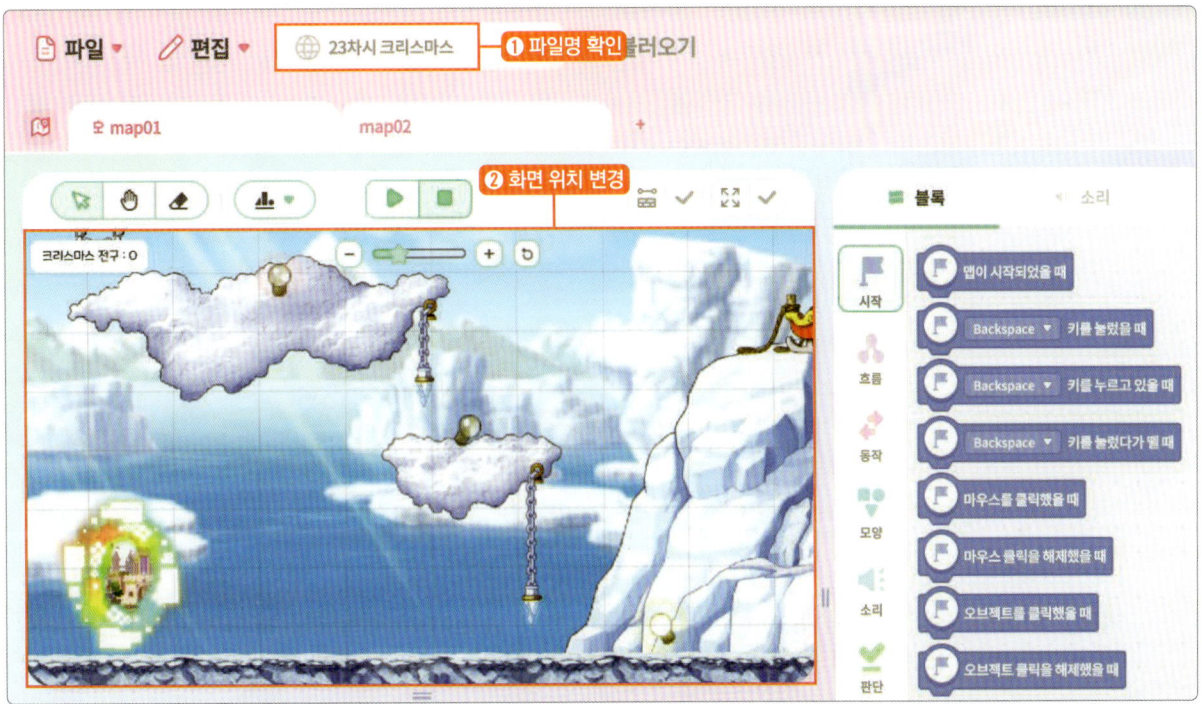

2 [전구1]을 선택하고 [블록] 탭에서 미리 조립된 코드를 확인해요.

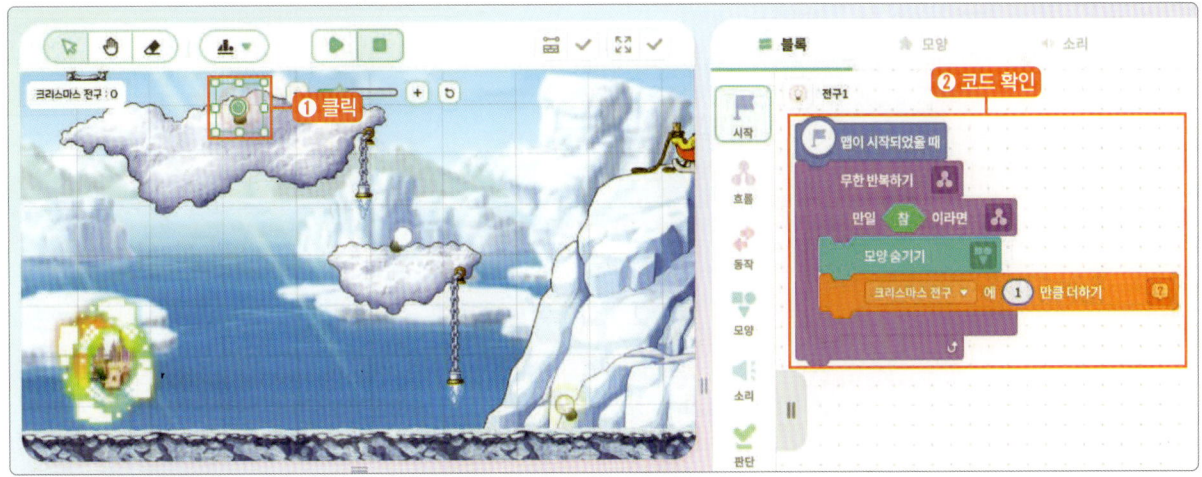

> **여기서 잠깐!**
> 미리 조립되어 있는 코드가 안보이면 블록 조립소에서 마우스 오른쪽 단추를 클릭하여 [정렬]을 클릭해요.

3 [판단]- 참 그리고 참 블록을 추가하고 참 블록 안에 마우스포인터 에 닿았는가? 과 Backspace 키를 누르고 있을 때 블록을 드래그해서 코드를 추가해요.

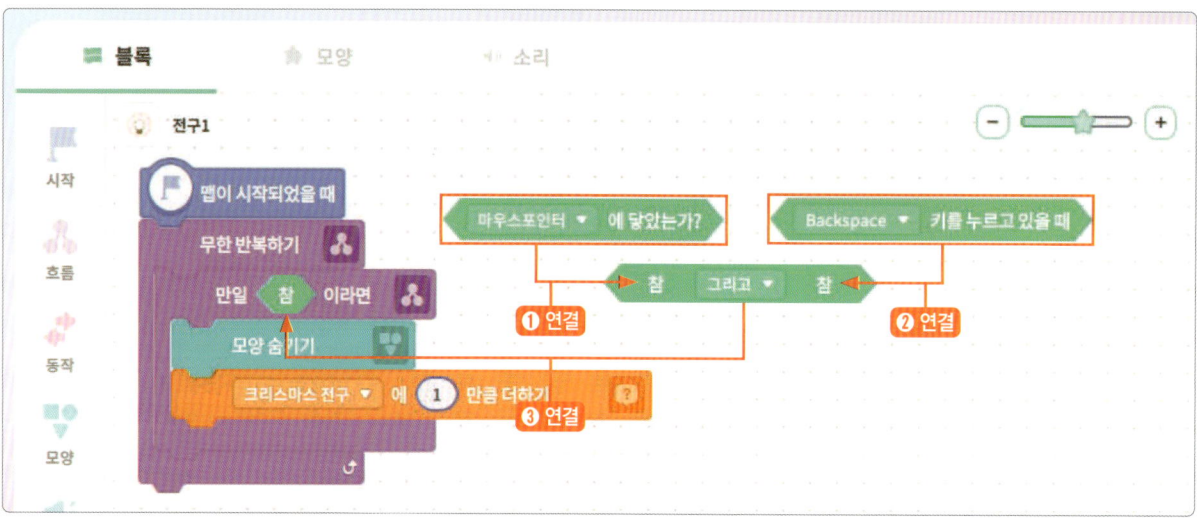

4 다음과 같이 코드를 연결하고 [아바타]와 Z 키로 변경해요.

※ 맵이 시작되었을 때 다음 기능을 실행해요.
- 무한 반복하기
- 만일 전구1에 아바타가 닿았는가? 그리고 Z 키를 누르고 있을 때라면
- 전구1 모양을 숨기고
- 크리스마스 전구에 1만큼 더한다.

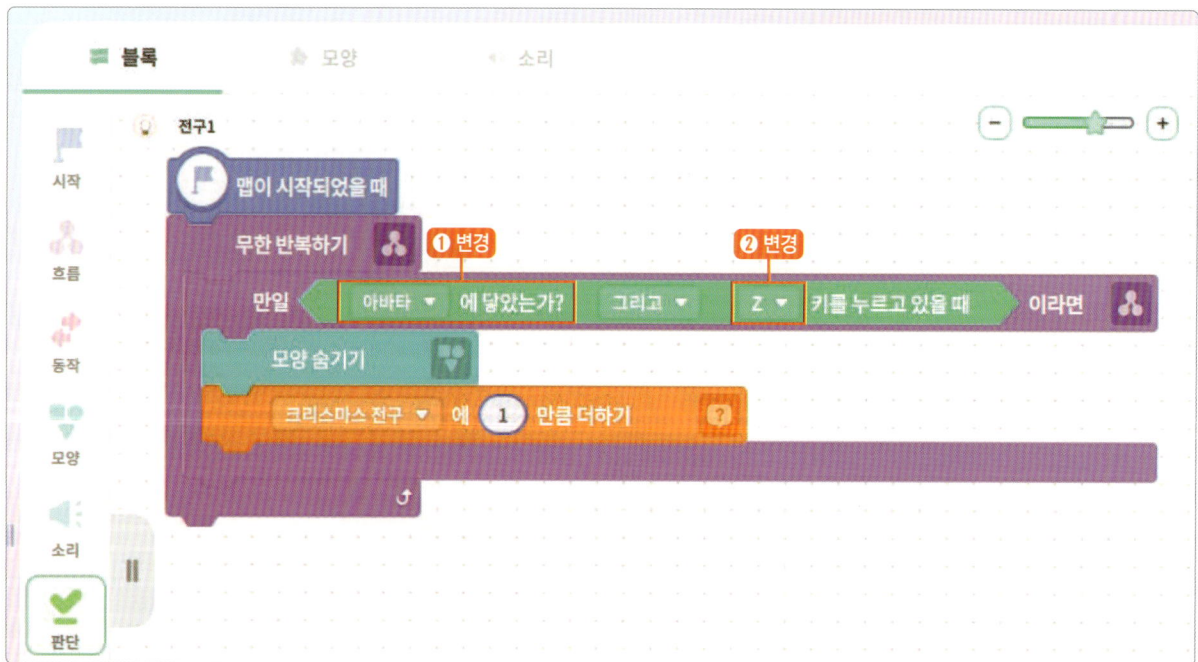

전구1의 코드를 복사해서 다른 오브젝트에 붙여 넣어보자!

1 [전구1]의 맵이 시작되었을 때 블록을 마우스 오른쪽 단추를 눌러서 [여기부터 복사]를 클릭해요.

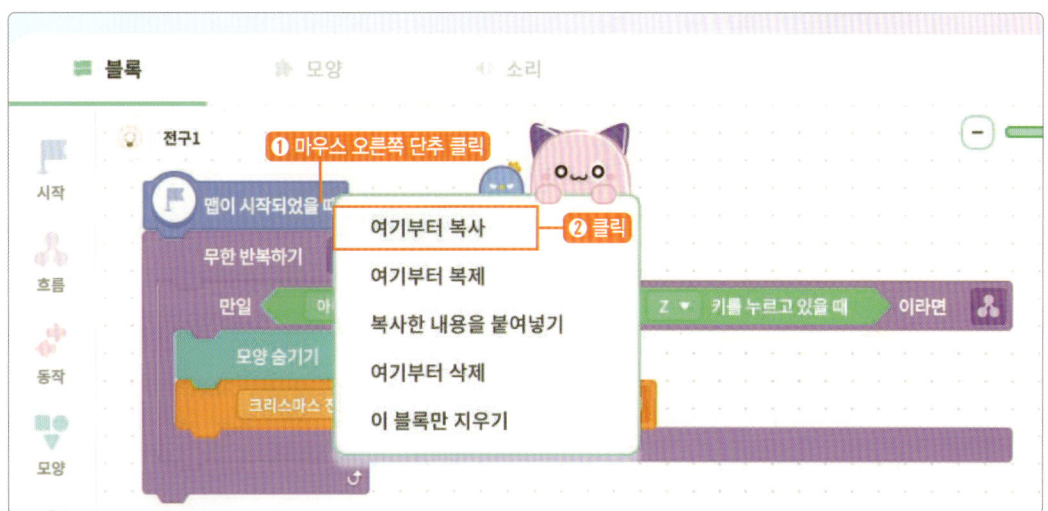

2 [전구2]의 블록 조립소에서 마우스 오른쪽 단추를 눌러서 [복사한 내용을 붙여넣기]를 클릭하고 이어서, [전구3]에도 [복사한 내용을 붙여넣기]를 클릭해요.

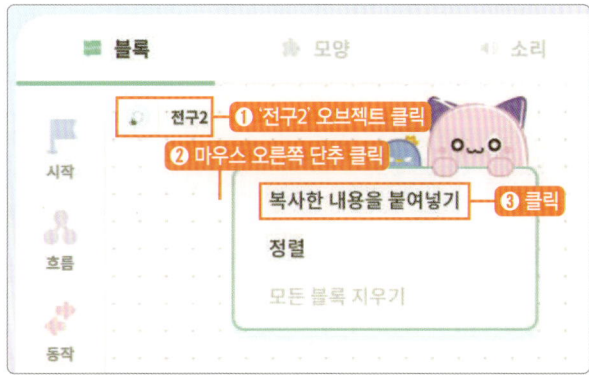 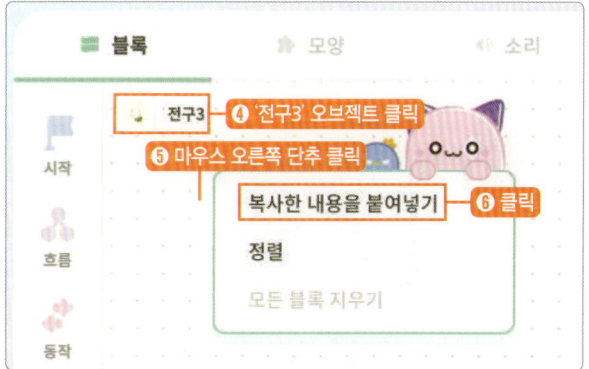

여기서 잠깐!

[여기부터 복사]를 클릭하면 [전구1]에서 작성한 코드를 다른 오브젝트에 붙여넣기할 때 사용하고, [여기부터 복제]를 클릭하면 [전구1]에서 작성한 코드를 같은 오브젝트에 붙여넣기할 때 사용해요!

→ [전구1] 오브젝트에 작성한 코드를 복사해서 [전구2]와 [전구3] 오브젝트에 붙여넣기할 때는 [여기부터 복사]를 클릭하고 [전구2]와 [전구3] 오브젝트에서 [복사한 내용을 붙여넣기]하면 똑같은 코드를 사용할 수 있어요!

03 크리스마스 전구 3개를 모으면 포털이 열리도록 설정하자!

1 [아바타]를 선택하고 [블록] 탭에서 미리 조립된 코드를 확인한 다음 [시작]-[신호 신호 보내기] 블록을 추가하고 [포털]로 변경해요.

※ 맵이 시작되었을 때 다음 기능을 실행해요.
- 무한 반복하기
- 만일 크리스마스 전구 값이 3이라면
- 포털 신호를 보낸다

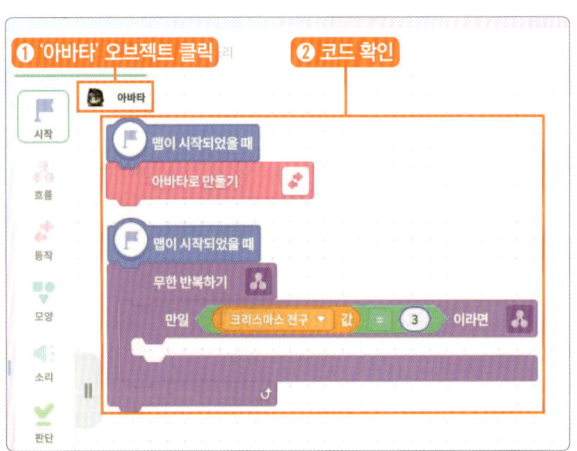
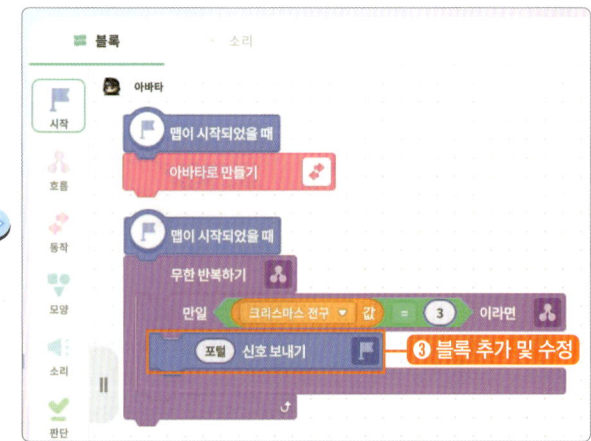

※ [포털] 신호를 보냈을 때 실행되는 코드는 [포털-8]에서 [포털] 신호를 받았을 때 실행되는 코드예요.
- 포털 신호를 받았을 때 포털의 모양이 보이면서 아바타에 닿았고 ↑ 키를 누르면 map02 맵으로 전환된다.

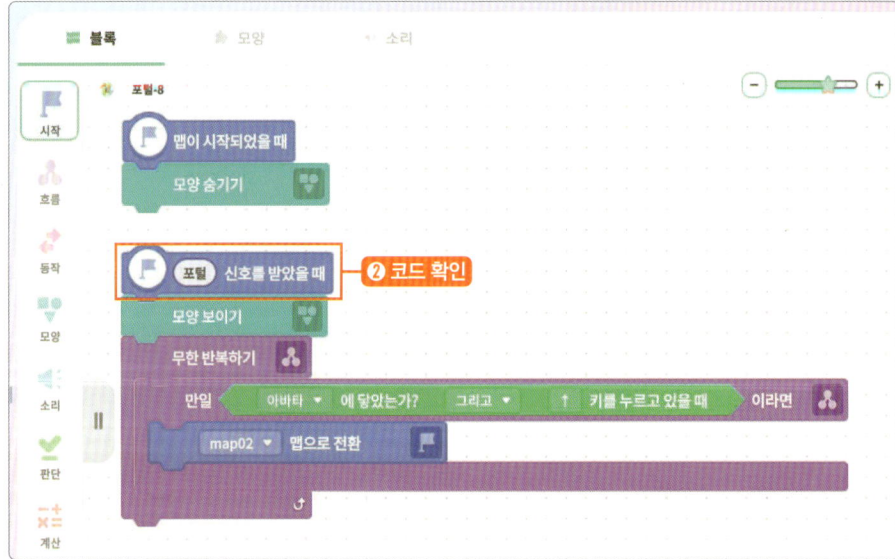

2 [시작하기(▶)]를 클릭한 다음 Z 키를 눌러 조명을 줍고 포털이 보이면 포털 위에서 ↑ 키를 눌러 두 번째 맵으로 이동해 보세요!

CHAPTER 23  헬로메이플에서 미션 성공하기!

▶ 불러올 파일 : 23차시 미션.mod   ▶ 완성된 파일 : 23차시 미션(완성).mod

 아름다운 꽃 3개를 모아 꽃의 마을로 이동해 보아요!

미션 1 [불러올 파일]-[CHAPTER 23]-[23차시 미션.mod] 파일을 선택하고 월드의 이름은 [23차시 미션]으로 저장해요.

미션 2 [map01]-[아바타]를 클릭하고 미리 조립된 코드를 확인한 다음 코드를 추가해요.

① 발판 신호 보내기

미션 3 [map01]-[발판]을 클릭하고 다음과 같이 코드를 추가해요.

① 맵이 시작되었을 때 – 오브젝트 끄기

② 발판 신호를 받았을 때 – 오브젝트 켜기

CHAPTER 23 크리스마스 트리를 꾸미자! • **127**

CHAPTER 24 코딩 모험 중간 체크포인트!

🚩 불러올 파일 : 24차시 선물.mod   🚩 완성된 파일 : 24차시 선물(완성).mod

미션 1 [불러올 파일]-[CHAPTER 24] 폴더에 있는 [24차시 선물.mod] 파일을 선택하고 월드의 이름은 [24차시 미션]으로 저장해요.

미션 2 수박가게와 생선가게로 가는 포털의 위치를 확인해요.

미션 3 [수박 포털]과 [생선 포털]을 클릭하고 조건 블록 안에 다음과 같이 코드를 추가해요.

- [수박 포털] : 수박가게 신호 보내기

- [생선 포털] : 생선가게 신호 보내기

 [아바타]를 클릭하고 다음과 같이 코드를 추가해요.

① 수박가게 신호를 받았을 때 → 수박가게 앞 위치로 이동하기
② 생선가게 신호를 받았을 때 → 생선가게 앞 위치로 이동하기

 [크리스마스 선물(🎁)]을 클릭하고 다음과 같이 코드를 수정해요.

① 2 키를 눌렀을 때 → '1'초 동안 [수박가게]의 위치로 이동
② 3 키를 눌렀을 때 → '1'초 동안 [생선가게]의 위치로 이동

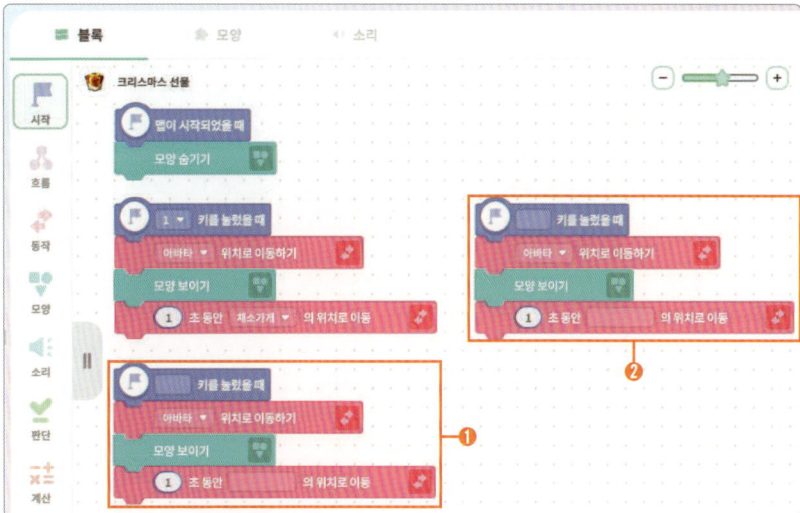

 **[시작하기(▶)]**를 클릭한 다음 채소/수박/생선 가게로 이동해서 선물을 모두 나눠주고 '산타냥'을 클릭해 보세요.

K마블 소개

아카데미소프트와 코딩아지트의 컴교실 **타자 프로그램**

 V2.0 업그레이드

 [K마블이란?]  [K마블 인트로]

업그레이 된 K마블 V2.0을 만나보세요!

▶ 키우스봇과 함께하는 **무료 타자프로그램!**
▶ **영문 버전** 오픈
▶ 온라인 대전 **2 VS 2** 모드 출시
▶ 나만의 **커스텀 캐릭터** 기능 오픈

100% 무료 타자프로그램

K마블 V 2.0으로 한글·영문 타자연습 모두 가능해요!!

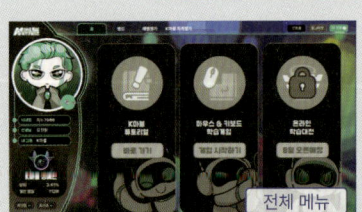
전체 메뉴

K마블 튜토리얼

커스텀 프로필

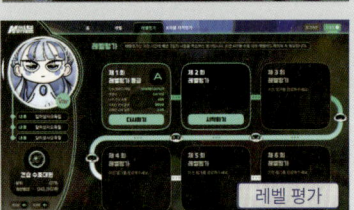
레벨 평가

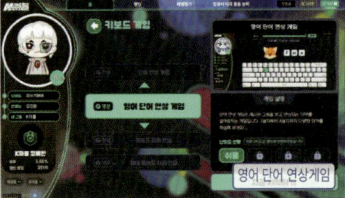
영어 단어 연상게임

온라인 대전

▶ **커스텀 프로필**
자신의 케릭터를 꾸밀 수 있는 기능이 추가되었습니다. 케릭터의 머리, 얼굴, 옷, 장신구를 변경하여 자신만의 개성있는 케릭터를 만들어 봅니다.

▶ **레벨평가 시안성**
레벨평가 화면이 이전 화면 보다 보기 좋게 변경되었습니다. 배운 내용을 복습하여 높은 점수에 도전해 봅니다.

▶ **영어 단어 연상 게임**
단어 연상 게임은 제시된 그림을 보고 연상되는 단어를 알아 맞히는 게임입니다. 두 글자 부터 네 글자까지 다양한 단어를 학습해 봅니다.

▶ **온라인 대전 게임 - 영토 사수 작전**
친구들과 1 VS 1 또는 2 VS 2 온라인 대전 게임으로 오타 없이 빨리 타자를 입력하여 영토를 지배하는 게임입니다. 비슷한 타수의 친구와 대결하면 재미있는 승부를 볼 수 있습니다.

 ※ K마블 영어 버전의 원어민 음성 모드도 곧 지원됩니다.

채점프로그램 MAG 소개

자격증의 새로운 변화!!
MAG 채점 프로그램

❶ 개인용 채점프로그램_MAG PER

▶ 개인을 위한 **채점프로그램**으로 각 자격증별 **시험 결과** 즉시 확인
▶ **오피스(한컴·MS)** 설치 없이 **즉시 채점** 가능!
▶ **인공지능**으로 채점율 UP

▲ 과목 선택

▲ 채점 결과

❷ 교육기관용 채점프로그램_MAG NET

▶ 선생님을 위한 또 다른 서비스를 제공합니다.
▶ 선생님을 위한 **온라인 채점프로그램**으로 접속한 수검자의 **시험 결과**를 실시간 확인
▶ 시험종료 후 **성적통계**로 문제별 부족한 부분과 단점을 완벽히 보완
▶ **인공지능**으로 채점율 UP

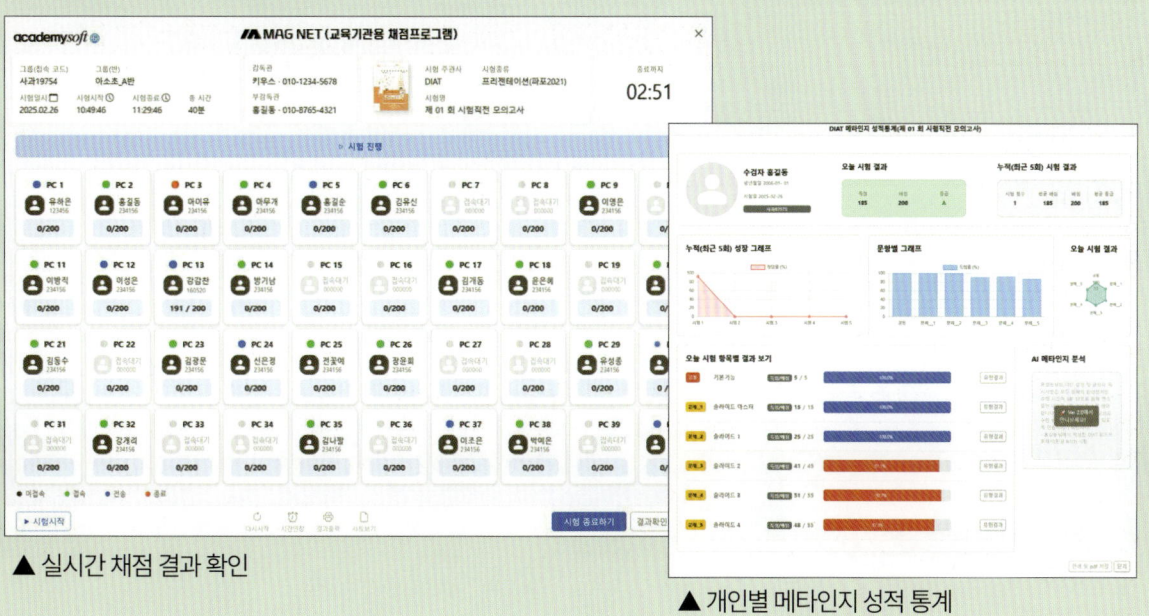
▲ 실시간 채점 결과 확인   ▲ 개인별 메타인지 성적 통계

답안 전송 프로그램 소개

2025년 아카데미소프트의 새로운 **답안 전송 프로그램**

NEW 답안 전송 프로그램

- ▶ ITQ, DIAT 시험에 최적화된 **답안 전송 프로그램**
- ▶ 남은 작업 시간을 확인할 수 있는 **타이머** 기능 추가!
- ▶ 답안 전송 프로그램을 실행하면 시험 환경에 맞는 **자동 폴더 생성**
- ▶ **실제 시험장**과 유사한 작업 환경!
- ▶ 지속적인 **업데이트**로 프로그램 오류 최소화!

답안 전송 프로그램! UI 확인하기

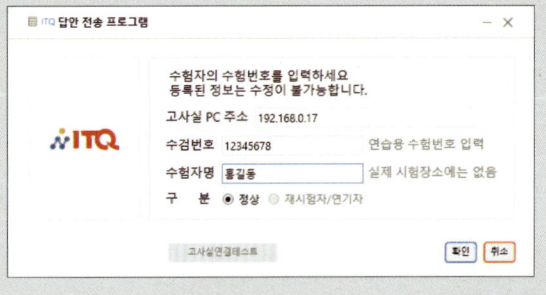

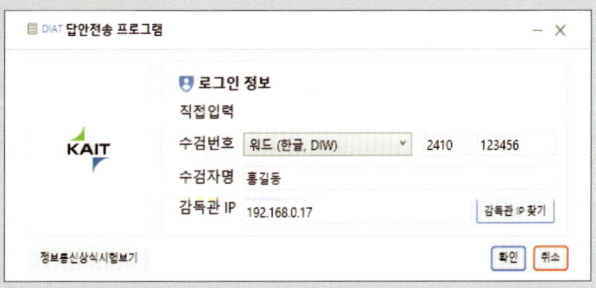

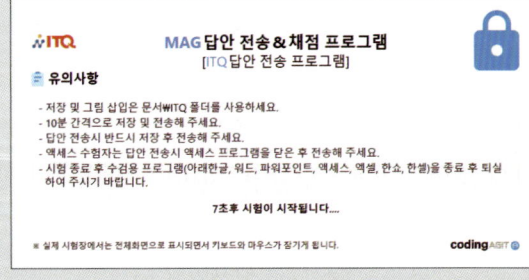

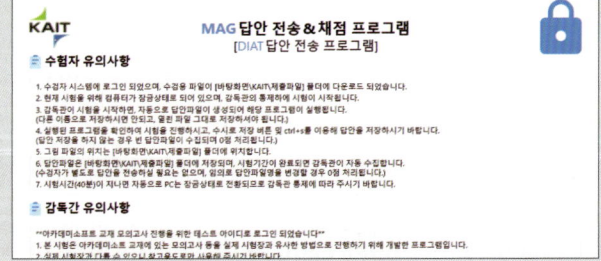

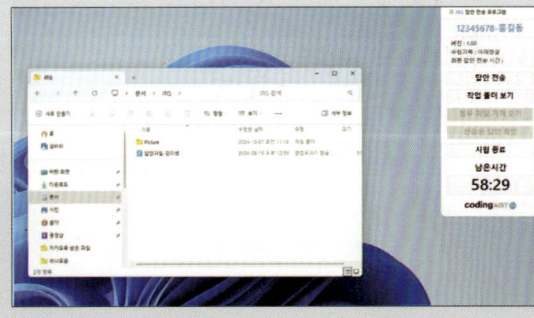

▲ ITQ 답안 전송 프로그램

▲ DIAT 답안 전송 프로그램

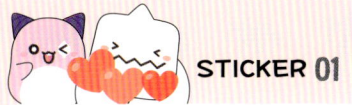 STICKER 01　　　탐험대원 모집, 탐험의 시작! 메이플 탐험대

 CHAPTER **01** ....

 CHAPTER **02** ....

 CHAPTER **03** ....

 CHAPTER **05** ....

CHAPTER **06** ....

 CHAPTER **07** ....

 CHAPTER **09** ....

 CHAPTER **10** ....

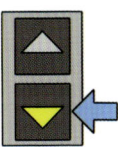 

 CHAPTER **11** ....

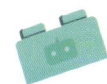

STICKER 02   탐험대원 모집, 탐험의 시작! 메이플 탐험대

CHAPTER **13**

CHAPTER **14**

CHAPTER **15**

CHAPTER **17**

CHAPTER **18**

CHAPTER **19**

CHAPTER **21**

CHAPTER **22**

CHAPTER **23**